Suzanne Schaefer

Probleme der Rechtschreibung – üben und verstehen

mit Wortschatzübungen

Bange Verlag

Über die Autorin der Lernhilfe:

Suzanne Schaefer, geboren 1960, studierte Germanistik, Anglistik und Amerikanistik sowie Skandinavistik in Wien, bevor sie begann, Deutsch und Englisch zu unterrichten. Ihr Interesse an computerunterstütztem Unterricht zeigt nicht nur ihre Website http://suz.deutsch-digital.de, sondern auch die Zusammenarbeit mit digitale-schule-bayern.de.

2., überarbeitete Auflage 2007
ISBN-13: 978-3-8044-1516-4

Gestaltung: Georg Lehmacher, Friedberg (Bay.)
Satz: SMP Oehler, Remseck
Illustrationen: Peter Thulke, Berlin
Druck und Weiterverarbeitung:
FINIDR, s. r. o.
Český Těšín

Inhaltsverzeichnis

Vorwort **5**

Konsonanten **7**
d – t 7
end- und ent- 7
seid und seit 7
Schreibweise in Verben 7
Fugen-t 8
tod- und tot- 8
s – ds – ts 11
s – ss – ß 15
das – dass 29
s – z 33
z – tz – zz 37
f – pf – v – ph 41

Vokale **47**
Langvokal i 47
wieder – wider 51
(Wortschatz-)Übungen zu i 57
Schreibung der anderen Langvokale 67
e – ä 71

Diphthonge **73**
ei – ai 73

Zusammen- und Getrenntschreibung **79**

Verwendung des Bindestrichs **97**

Groß- und Kleinschreibung **99**

Teste deine erworbenen Kenntnisse anhand einiger Buchstabenschlangen! **107**

Glossar **119**

Vorwort

Dieses Buch entstand auf Anregung von Kollegen und Schülern, die meinten, dass meine Unterlagen und Übungen, die auf meiner Website http://suz.deutsch-digital.de bei digitale-schule-bayern.de zu finden sind, auch in Buchform zu haben sein sollten.
Natürlich erhebt diese kleine Lernhilfe keinesfalls Anspruch auf Vollständigkeit, doch werden jene Bereiche abgedeckt, die Schülern im Allgemeinen größere Schwierigkeiten bereiten. Deshalb wird der Groß- und Kleinschreibung bzw. der Zusammen- und Getrenntschreibung viel Platz gegeben, zumal selbst die neuesten Computerprogramme zur Rechtschreibüberprüfung Fehler in diesen Bereichen meist nicht entdecken.
Es werden nicht nur die wichtigsten Rechtschreibregeln, sondern auch eine Reihe von Übungen geboten, die helfen sollen, die Rechtschreibkenntnisse zu festigen und den Wortschatz zu erweitern. Die Übungen sind so aufgebaut, dass man sie zumindest innerhalb eines Kapitels chronologisch durchgehen sollte, denn so manches ihm unbekannte Wort wird der Lernende erst nachschlagen müssen, bevor er es in Übungen einsetzen und schreiben kann. (Da es wichtig ist, dass jeder lernt, Wörterbücher zu verwenden, werden zu den entsprechenden Übungen keine Lösungen geboten.) In weiterer Folge wäre es sinnvoll, jene Wörter, die man falsch geschrieben hat, als Wörter und in Form von Sätzen diktiert zu bekommen. Es ist nicht ratsam, nur die falsch geschriebenen Buchstaben zu schreiben! Deshalb werden nicht nur die einzusetzenden Buchstaben, sondern die Wörter in den Lösungen, die auf den Rückseiten direkt nach den Übungen stehen, entsprechend hervorgehoben.
Ist man am Ende des Buches angekommen und möchte weitere Übungen machen, muss man sich entweder auf meine Website begeben oder andere Lernhilfen von Bange zu Rate ziehen.

Konsonanten: *d – t*

end- und *ent-*

end- **wird von dem Wort Ende abgeleitet:** *endlos* = Man findet kein Ende; *endlich* = Am Ende klappt es doch; *endgültig* = Man hat etwas beendet. In allen anderen Fällen schreibt man *ent-*: *enthüllen, entgehen, entgegnen, entrücken, sich entschließen.*

seid und *seit*

Handelt es sich um eine Form von *sein*, schreibt man *seid*: *Ihr seid aber nett.*
Seit ***bezieht sich auf einen Zeitraum:*** Seit *langer Zeit seid ihr nun schon wieder hier.*

Schreibweise in Verben

Verben in der 3. Person Präsens schreibt man immer mit einem *t*: *Er geht.*

Auch im Präteritum der regelmäßigen Verben schreibt man *t*: *Er spielte.*

Beim Präteritum der unregelmäßigen Verben muss man die Schreibweise im Infinitiv beachten: *raten – ich/er riet, braten – ich/er briet; anbieten – ich/er bot an; empfinden – ich/er empfand, verschwinden – ich/er verschwand; scheiden (= weggehen) – ich/er schied.*

Die Schreibweise der unregelmäßigen Formen muss nachgeschlagen oder gelernt werden: *leiden – ich/er litt, schneiden – ich/er schnitt, stehen – ich/er stand, tun – ich/er tat.*

Fugen-t

Bildet man von Substantiven oder Verben Ableitungen mit dem Suffix *-lich*, muss im Allgemeinen ein so genanntes Fugen-t zwischen dem Substantiv bzw. Verb und dem Suffix stehen: *namentlich, wissentlich, hoffentlich.*

tod- und *tot-*

Bei dem Verb *töten* kann man den *t*-Laut hören – nicht jedoch den Unterschied zwischen dem Substantiv *der Tod* und dem Adjektiv *tot*, da im Auslaut, also am Wortende, auch stimmhafte Konsonanten (auf Grund der so genannten Auslautverhärtung) stimmlos gesprochen werden.

In Wortzusammensetzungen kann man die Schreibweise häufig hören: *die Todesangst, die Totenstille, totenbleich.*
Hat man mit dem Hören Schwierigkeiten, hilft folgende Regel: **Werden die Wörter durch *-es-* verbunden, steht *d* (*Todesverachtung*); wird *-en-* verwendet, steht *t* (*Totenwache*).**

Aufpassen muss man allerdings bei der Silbe ***tot***:
Man schreibt die Silbe mit *t*, wenn sie mit einem Verb verbunden wird: *to**t**fahren, to**t**laufen, to**t**treten, to**t**schlagen.* Dasselbe gilt für andere Wortarten dieser Wortfamilien: *To**t**schlag, to**t**getreten.* Natürlich wird *tot* auch immer in den getrennt geschriebenen Formen wie *to**t** geboren, to**t** stellen, to**t** sein, to**t** scheinen* und *halbtot/halb to**t*** wie das Adjektiv *to**t*** geschrieben.

Wenn es sich bei der Wortzusammensetzung um ein Adjektiv handelt, schreibt man *tod-*: *to**d**ernst, to**d**krank, to**d**unglücklich, to**d**müde, to**d**blass* (aber: *to**t**enblass*, da die *es*- bzw. *en*-Regel hier zum Tragen kommt!)

-tot **hingegen schreibt man immer mit *t*:** *mundto**t**, mauseto**t**, scheinto**t**.*

***Übung:** d oder t?*

Übung

1. Er fiel tö ___ lich getroffen zu Boden.
2. Sie wollten die To ___ kranke im Altersheim nicht aufnehmen.
3. Er fand seinen To ___ feind halbto ___ halb/to ___ in der Wüste.
4. Sie hielten es für ein to ___ sicheres Geschäft.
5. Sie hielten To ___ enwache.
6. Die To ___ esursache konnte nicht mehr festgestellt werden.
7. Er gab ihr den To ___ esstoß, dann herrschte To ___ enstille.
8. Als sie die To ___ esanzeige erhielten, waren sie schockiert.
9. Er wurde to ___ enbleich, als er vom To ___ seines besten Freundes erfuhr.
10. Er hatte sich den Urlaub re ___ lich verdient.
11. Sie wurden namen ___ lich genannt.
12. Die Versan ___ kosten mussten von ihr beglichen werden.
13. Beim Arbeitsam ___ erfuhr er von freien Stellen als ___ ankwar ___ , Schmie ___ und Versicherungsagen ___ .
14. Er bereu ___ e seine En ___ schei ___ ung, nicht bis zur En ___ haltestelle gefahren zu sein.
15. Sie plädier ___ e auf To ___ schlag.
16. Nachdem der Arzt den To ___ enschein ausgefüllt hatte, wachte der Scheinto ___ e auf.

Lösung

▸ *Lösung: d oder t?*

1. Er fiel **tödlich** getroffen zu Boden.
2. Sie wollten die **Todkranke** im Altersheim nicht aufnehmen.
3. Er fand seinen **Todfeind halbtot/halb tot** in der Wüste.
4. Sie hielten es für ein **todsicheres** Geschäft.
5. Sie hielten **Totenwache**.
6. Die **Todesursache** konnte nicht mehr festgestellt werden.
7. Er gab ihr den **Todesstoß**, dann herrschte **Totenstille**.
8. Als sie die **Todesanzeige** erhielten, waren sie schockiert.
9. Er wurde **totenbleich**, als er vom **Tod** seines besten Freundes erfuhr.
10. Er hatte sich den Urlaub **redlich** verdient.
11. Sie wurden **namentlich** genannt.
12. Die **Versandkosten** mussten von ihr beglichen werden.
13. Beim **Arbeitsamt** erfuhr er von freien Stellen als **Tankwart**, **Schmied** und **Versicherungsagent**.
14. Er bereute seine **Entscheidung**, nicht bis zur **Endhaltestelle** gefahren zu sein.
15. Sie **plädierte** auf **Totschlag**.
16. Nachdem der Arzt den **Totenschein** ausgefüllt hatte, wachte der **Scheintote** auf.

Konsonanten: *s – ds – ts*

1. **Im Superlativ (= 2. Steigerungsform) steht bei regelmäßiger Steigerung immer *-st-*:**
   gut – besser – am besten
   ungezogen – ungezogener – am ungezogensten

2. **Das Partizip Präsens wird gebildet, indem man an den Infinitiv ein *d* anhängt** (z. B. *entscheiden – entscheidend*).
   Das Partizip macht aus einem Verb ein Adjektiv, dessen Superlativ dann natürlich mit ***-dst-*** gebildet wird: *der entscheidendste Augenblick, der vermögendste Mann.*

3. **Das Fugen-s**
   Man kann Nomen und Adjektive verknüpfen und so ein neues Nomen oder Adjektiv bilden:
   krank und *sterben* wird zu *sterbenskrank*.
   Ort und *kundig* wird zu *ortskundig*.
   Verband und *Zeug* wird zu *Verbandszeug*.

   Das *s* in der Mitte fügt die beiden Ursprungswörter zu einem neuen Wort zusammen. Es heißt deshalb **Fugen-s** und **wird immer *s* geschrieben**.

4. **Der Genitiv (2. Fall) endet immer mit einem *-s*:**
   des Viertels

5. **Das Schluss-s findet man in Wörtern wie *morgens, abends, abseits, allseits, aufwärts, abwärts, nirgends, angesichts.***
   Auch hier ist die Schreibweise des zu Grunde liegenden Wortes zu beachten, um sicherzugehen, ob *-s*, *-ds* oder *-ts* geschrieben werden muss.

Das Partizip Präsens der Verben wird gebildet, indem man an den Infinitiv des Verbs ein *-d* hängt:

Infinitiv	Partizip Präsens
eilen	eilend
gehen	gehend
laufen	laufend
liegen	liegend
spielen	spielend

Bei „normalen" Adjektiven steht im Superlativ *-st-*:

Positiv	Komparativ	Superlativ
angesehen	angesehener	am angesehensten
faul	fauler	am faulsten

Handelt es sich bei den Adjektiven bzw. Adverbien um Partizipien, so steht im Superlativ *-dst-*: das Partizip-*d* und die Superlativendung *-sten*:

Positiv	Komparativ	Superlativ
hervorragend	hervorragender	am hervorragendsten
lohnend	lohnender	am lohnendsten
vermögend	vermögender	am vermögendsten

Verbindet man zwei Wörter zu einem neuen, so geschieht dies oft mit dem so genannten Fugen-*s*:

zwei Wörter	ein zusammengesetztes Wort
Arbeit + Bereich	Arbeitsbereich
Leiden + Genosse	Leidensgenosse
Beispiel + Weise	beispielsweise
sterben + krank	sterbenskrank

Übung: *s – ds – ts?*

1. Wer wird demnächst zum ungezogen___ ten Jungen des Viertels gewählt werden?
2. Dieser rücksich___ lose Mensch wird meines Erachten___ auch vor Mord nicht zurückschrecken.
3. Nirgen___ gehen morgen___ und aben___ so viele Menschen joggen wie hier.
4. Der Schie___ richter wird näch___ tens vollen___ genug haben und sich einen anderen Job suchen.
5. Angesich___ der Tatsache, dass er die hervorragen___ ten Leistungen der Saison vollbrachte, fanden auch seine erbitter___ ten Gegner Worte des Lobes.
6. Seine sterben___ kranke Großmutter väterlichersei___ ist die angesehen___ te Frau im Dorf.
7. Die Bestan___ aufnahme zeigte deutlich, dass viele Produkte gestohlen worden waren.
8. Der Notarzt wurde eilen___ geholt.
9. Im entscheiden___ ten Augenblick verlor er die Nerven und versagte.
10. Diessei___ des Flusses ist es ungefährlich.
11. Meines Wissen___ ist sie todkrank.
12. Sie waren zeitleben___ Leiden___ genossen.
13. Es ist am lohnen___ ten, mit allen notwendigen Einkäufen auf den Ausverkauf zu warten.
14. Sie lehnte auch das Angebot des vermögen___ ten Mannes der Stadt auf das Entschieden___ te ab.

▶ *Lösung: s – ds – ts?*

1. Wer wird demnächst zum **ungezogensten** Jungen des Viertels gewählt werden?

2. Dieser **rücksichtslose** Mensch wird meines **Erachtens** auch vor Mord nicht zurückschrecken.

3. **Nirgends** gehen **morgens** und **abends** so viele Menschen joggen wie hier.

4. Der **Schiedsrichter** wird **nächstens** **vollends** genug haben und sich einen anderen Job suchen.

5. **Angesichts** der Tatsache, dass er die **hervorragendsten** Leistungen der Saison vollbrachte, fanden auch seine **erbittertsten** Gegner Worte des Lobes.

6. Seine **sterbenskranke** Großmutter **väterlicherseits** ist die **angesehenste** Frau im Dorf.

7. Die **Bestandsaufnahme** zeigte deutlich, dass viele Produkte gestohlen worden waren.

8. Der Notarzt wurde **eilends** geholt.

9. Im **entscheidendsten** Augenblick verlor er die Nerven und versagte.

10. **Diesseits** des Flusses ist es ungefährlich.

11. Meines **Wissens** ist sie todkrank.

12. Sie waren **zeitlebens** **Leidensgenossen**.

13. Es ist am **lohnendsten**, mit allen notwendigen Einkäufen auf den Ausverkauf zu warten.

14. Sie lehnte auch das Angebot des **vermögendsten** Mannes der Stadt auf das **Entschiedenste** ab.

Konsonanten: *s – ss – ß*

Regeln zur s-Schreibung

- **Nach einem Kurzvokal wird ein stimmloser s-Laut *ss* geschrieben.**
- **Nach Langvokalen und Diphthongen (*au, ei, eu, äu, ou*) wird ein stimmloser s-Laut *ß* geschrieben.**

An und für sich reichen diese beiden Regeln. Da die s-Schreibung dennoch Schwierigkeiten bereitet, soll noch auf einige Vor- und Nachsilben verwiesen werden.

Wörter, die auf *-nis* und auf kurzes *-is* oder *-us* enden, werden in den entsprechenden gebeugten Formen und im Plural mit *ss* geschrieben:

Ergebnis – die Ergebnisse, die Berechnung des Ergebnisses
Zeugnis – die Zeugnisse, der Aussteller des Zeugnisses
Iltis – die Iltisse, das Fell des Iltisses
Kürbis – die Kürbisse, die Kerne des Kürbisses
Bus – die Busse, die Reifen des Busses
Zirkus – die Zirkusse, das Zelt des Zirkus

Achte auf die Rechtschreibung der Vor- und Nach- bzw. Endsilben!

außer-	außerhalb, außerordentlich, außergewöhnlich, ...
aus-	aussehen, ausbauen, ausschließen, ausbrechen, ...
dis-	Dissertation, Disziplin, Dissonanz, diskriminieren, diskutieren, ...
miss-	Missverständnis, Misserfolg, missgönnen, misstrauisch, missglücken, missgelaunt, misshandeln, missfallen, ...
-mus	Antisemitismus, Faschismus, Humanismus, Rassismus, Atheismus, Egoismus, Liberalismus, Optimismus, Pessimismus, Realismus, Rheumatismus, Magnetismus, Okkultismus, Imperialismus, ...
-los	arbeitslos, verständnislos, heimatlos, sinnlos, achtlos, ...

Übung 1: *Warum werden die Wörter und deren Ableitungen so geschrieben? Suche die passende Regel!*

Schluss – Schlüsse, Fass – Fässer, Kongress – Kongresse
müssen – musst – er muss – musste – müsste
hassen – er hasst – er hasste – gehasst – Hass
lassen – er lässt – er ließ – gelassen
lesen – er liest – er las – gelesen
essen – er isst – er aß – gegessen
grüßen – er grüßt – er grüßte – gegrüßt – der Gruß
gießen – er gießt – goss – gegossen – der Guss – die Gießerei
beißen – er beißt – er biss – gebissen – Biss – beißwütig – bisschen
sitzen – er sitzt – er saß – gesessen – der Sessel
Kuss – er küsst
Nussstrudel
Kompromiss
weiß
weise

Übung 2: *Finde Wörter, die mit s, ss bzw. ß geschrieben werden! Schlage die korrekte Schreibweise nach! Suche die passende Regel!*

Übung 3: *Schlage die Bedeutung der folgenden Wörter nach, sofern die Unterschiede nicht klar sind:*

lies	ließ
fast	fasst
Last	lasst
Mus	Muss
Floß	floss
bis	biss
Muse	Muße
Frist	frisst

Lösung

▶ ***Lösung 1:** Warum werden die Wörter und deren Ableitungen so geschrieben?*

Schluss – Schlüsse, Fass – Fässer, Kongress – Kongresse
müssen – musst – er muss – musste – müsste
hassen – er hasst – er hasste – gehasst
lassen – er lässt – er **lie**ß – gelassen
essen – er isst – er **a**ß – gegessen
gr**ü**ßen – er gr**ü**ßt – er gr**ü**ßte – gegr**ü**ßt – der Gr**u**ß
g**ie**ßen – er g**ie**ßt – goss – gegossen – der Guss – die G**ie**ßerei
beißen – er beißt – er biss – gebissen – Biss – beißwütig – bisschen
sitzen – s**a**ß – gesessen – der Sessel
Kuss – er küsst
Nussstrudel
Kompromiss
weiß
weise

Regeln

- Nach Kurzvokalen wird das stimmlose ***s*** als *ss* geschrieben.
- Die **fett** gedruckten Vokale sind **Langvokale**, die dazu führen, dass das stimmlose ***s*** als *ß* geschrieben wird.
- Diphthonge wie ei führen dazu, dass das stimmlose ***s*** als *ß* geschrieben wird.
- Steht im Infinitiv ein *s*, steht in allen anderen Formen auch ein *s*: lesen – er liest – er las – gelesen.

Übung: *s, ss oder ß?*

1. Die Fri ___ t läuft in Kürze ab.
2. Der Vogel fri ___ t alles, was er bekommt.
3. Er mu ___ te dauernd nie ___ en.
4. Der Bi ___ dieser Schlange ist genauso tödlich wie ein Schu___ ins Herz.
5. Er ist ein richtiger Grie ___ gram.
6. Die Dogge ri ___ so stark an der Leine, da ___ da ___ Kind diese losla___en mu ___ te.
7. Er ha ___ te sie.
8. Er lag fa ___ t eine Woche im Koma.
9. Fa ___ t den Dieb!
10. Der Flie ___ enleger kommt er ___ t nächste Woche.
11. Da der Grei ___ Hilfe brauchte, wurde er im Alter ___ heim aufgenommen.
12. Er i ___ t so viel, da ___ er sich bald Kleidung nach Ma ___ anfertigen la ___ en mu ___ .
13. Er hatte nur ein bi ___ chen gege ___ en.
14. Sie gingen barfü ___ ig im Park spazieren.
15. Sie machte ein verdrie ___ liches Gesicht.
16. Die Kinder spielen drau ___ en Fu ___ ball.
17. Kindesmi ___ brauch mü ___ te viel härter bestraft werden.

Lösung

▶ *Lösung: s, ss oder ß?*

1. Die **Frist** läuft in Kürze ab.
2. Der Vogel **frisst** alles, was er bekommt.
3. Er **musste** dauernd **niesen**.
4. Der **Biss** dieser Schlange ist genauso tödlich wie ein **Schuss** ins Herz.
5. Er ist ein richtiger **Griesgram**.
6. Die Dogge **riss** so stark an der Leine, **dass** das Kind diese **loslassen musste**.
7. Er **hasste** sie.
8. Er lag **fast** eine Woche im Koma.
9. **Fasst** den Dieb!
10. Der **Fliesenleger** kommt **erst** nächste Woche.
11. Da der **Greis** Hilfe brauchte, wurde er im **Altersheim** aufgenommen.
12. Er **isst** so viel, **dass** er sich bald Kleidung nach **Maß** anfertigen **lassen muss**.
13. Er hatte nur ein **bisschen gegessen**.
14. Sie gingen **barfüßig** im Park spazieren.
15. Sie machte ein **verdrießliches** Gesicht.
16. Die Kinder spielen **draußen Fußball**.
17. **Kindesmissbrauch müsste** viel härter bestraft werden.

Übung: *s, ss oder ß?*

1. Die Pflanzen mü ___ en regelmä ___ ig gego ___ en werden.
2. Es ist unerlä ___ lich, da ___ sie diese Arbeiten sofort erledigen.
3. Es gab heuer schon wieder eine Mi ___ ernte.
4. Er rei ___ t sich dauernd die Knöpfe ab.
5. Sie lie ____ en sich auch durch diesen Mi ____ erfolg nicht entmutigen.
6. Wir suchten verzweifelt einen Wegwei _____ er, fanden aber keinen.
7. Er wird gewi ___ noch kommen.
8. Die Schüler waren sehr flei ___ ig.
9. Sie reckten ihre Häl ___ e, um be ___ er sehen zu können.
10. Nach dem Erdbeben waren Ri ___ e in den Stra ___ en.
11. Jeder kennt wohl die Geschichte vom hä _____ lichen Entlein, doch wie viele wi ___ en, da ___ sie von Hans Christian Andersen stammt?
12. Sie la ___ en diesen Roman in der Schule.
13. Wer wird diesmal dafür bü ___ en mü ___ en?
14. Sie grü ___ ten ihn nicht.
15. Er lie ___ t alle Bücher von Stephen King.
16. Der Schornsteinfeger, der in Österreich Rauchfangkehrer genannt wird, hatte sehr ru ___ ige Hände.
17. Er lie ____ sich in seiner Entscheidung von niemandem beeinflu ___ en.
18. Sie hatte solche Angst, dass sie Rei ___ aus nahm.

Lösung

▶ *Lösung: s, ss oder ß?*

1. Die Pflanzen **müssen regelmäßig gegossen** werden.
2. Es ist **unerlässlich, dass** sie diese Arbeiten sofort erledigen.
3. Es gab heuer schon wieder eine **Missernte**.
4. Er **reißt** sich dauernd die Knöpfe ab.
5. Sie **ließen** sich auch durch diesen **Misserfolg** nicht entmutigen.
6. Wir suchten verzweifelt einen **Wegweiser**, fanden aber keinen.
7. Er wird **gewiss** noch kommen.
8. Die Schüler waren sehr **fleißig**.
9. Sie reckten ihre **Hälse**, um **besser** sehen zu können.
10. Nach dem Erdbeben waren **Risse** in den **Straßen**.
11. Jeder kennt wohl die Geschichte vom **hässlichen** Entlein, doch wie viele **wissen, dass** sie von Hans Christian Andersen stammt?
12. Sie **lasen** diesen Roman in der Schule.
13. Wer wird diesmal dafür **büßen müssen**?
14. Sie **grüßten** ihn nicht.
15. Er **liest** alle Bücher von Stephen King.
16. Der Schornsteinfeger, der in Österreich Rauchfangkehrer genannt wird, hatte sehr **rußige** Hände.
17. Er **ließ** sich in seiner Entscheidung von niemandem **beeinflussen**.
18. Sie hatte solche Angst, dass sie **Reißaus** nahm.

Übung: *s, ss oder ß?*

Übung

1. Gro ___ mütig gab sie ihrem jüngeren Bruder die Sü ___ igkeiten, die sie bekommen hatte.

2. Einen Tierkadaver nennt man Aa ___ .

3. Kleine Kinder sind im Allgemeinen besonders wi ___ begierig.

4. Vergi ___ nicht den Strau ___ Ro ___ en!

5. Sie hat ihm wi ___ entlich die Unwahrheit gesagt.

6. Wei ___ t du, da ___ es dort viele rei ___ ende Flü ___ e gibt?

7. Da ihm der Anzug nicht mehr pa ___ t, mu ___ er geändert werden.

8. Diese Torte hat keinen Zuckergu ___ .

9. Da sie Schnupfen hatte, mu ___ te sie dauernd nie ___ en.

10. Der Schlo ___ er mu ___ te das Schlo ___ aufbrechen.

11. Manchmal ist er sehr bo ___ haft.

12. Sie verriet schlie ___ lich, da ___ sie alles in einem Rei ___ eführer gele ___ en hatte.

13. Ihr Gro ___ vater ist sehr verge ___ lich geworden.

14. Sie ist überhaupt nicht zuverlä ___ g.

15. Er lä ___ t sich von seiner Frau bedienen.

16. Der Lehrer zeigte kein Verständni ___ , als die Schüler zu spät kamen.

17. Damit der Ballon nicht sank, mu ___ te Balla ___ t abgeworfen werden.

18. Dieser Kä ___ e ist ungenie ___ bar.

Lösung

▶ ***Lösung:** s, ss oder ß?*

1. **Großmütig** gab sie ihrem jüngeren Bruder die **Süßigkeiten**, die sie bekommen hatte.
2. Einen Tierkadaver nennt man **Aas**.
3. Kleine Kinder sind im Allgemeinen besonders **wissbegierig**.
4. **Vergiss** nicht den **Strauß Rosen**!
5. Sie hat ihm **wissentlich** die Unwahrheit gesagt.
6. **Weißt** du, **dass** es dort viele **reißende Flüsse** gibt?
7. Da ihm der Anzug nicht mehr **passt**, **muss** er geändert werden.
8. Diese Torte hat keinen **Zuckerguss**.
9. Da sie Schnupfen hatte, **musste** sie dauernd **niesen**.
10. Der **Schlosser musste** das **Schloss** aufbrechen.
11. Manchmal ist er sehr **boshaft**.
12. Sie verriet **schließlich**, **dass** sie alles in einem **Reiseführer gelesen** hatte.
13. Ihr **Großvater** ist sehr **vergesslich** geworden.
14. Sie ist überhaupt nicht **zuverlässig**.
15. Er **lässt** sich von seiner Frau bedienen.
16. Der Lehrer zeigte kein **Verständnis**, als die Schüler zu spät kamen.
17. Damit der Ballon nicht sank, **musste Ballast** abgeworfen werden.
18. Dieser **Käse** ist **ungenießbar**.

Übung: *s, ss oder ß?*

1. Das Holz wird geflö ___ t.
2. Das Gra ___ ist so hoch, da ___ es gemäht werden mu ___ .
3. In unbekannten Gewä ___ ern sollte man mit dem Baden vorsichtig sein.
4. Sie kann sich einfach nicht anpa ___ en.
5. Sie genie ___ t ihre Ferien.
6. Der Schu ___ wurde von den Nachbarn nicht gehört.
7. Sie vermi ___ t seit Tagen ihre Geldbör ___ e.
8. Das E ___ geschirr ist noch in der Geschirrspülmaschine.
9. Was man e ___ en kann, i ___ t e ___ bar.
10. Die Katze hat den Vorhang zerri ___ en.
11. Die Kla ___ enzimmer mü ___ en immer abgeschlo ___ en werden.
12. Diese Erzeugni ___ e mü ___ en importiert werden.
13. Er verlegt immer wieder seine Kontaktlin ___ en.
14. Sie hat zu Weihnachten einen wei ___ en Ha ___ en bekommen.
15. Wenn ich verrei ___ e, werden die Blumen von meiner Mutter gego ___ en.
16. Ha ___ erfüllt sah er seinem Todfeind in die Augen.
17. Die Geschichte i ___ t in Verge ___ enheit geraten.
18. Er beflei ___ igt sich einer guten Aussprache.

Lösung

▶ *Lösung: s, ss oder ß?*

1. Das Holz wird **geflößt**.
2. Das **Gras** ist so hoch, **dass** es gemäht werden **muss**.
3. In unbekannten **Gewässern** sollte man mit dem Baden vorsichtig sein.
4. Sie kann sich einfach nicht **anpassen**.
5. Sie **genießt** ihre Ferien.
6. Der **Schuss** wurde von den Nachbarn nicht gehört.
7. Sie **vermisst** seit Tagen ihre **Geldbörse**.
8. Das **Essgeschirr** ist noch in der Geschirrspülmaschine.
9. Was man **essen** kann, **ist essbar**.
10. Die Katze hat den Vorhang **zerrissen**.
11. Die **Klassenzimmer müssen** immer **abgeschlossen** werden.
12. Diese **Erzeugnisse müssen** importiert werden.
13. Er verlegt immer wieder seine **Kontaktlinsen**.
14. Sie hat zu Weihnachten einen **weißen Hasen** bekommen.
15. Wenn ich **verreise**, werden die Blumen von meiner Mutter **gegossen**.
16. **Hasserfüllt** sah er seinem Todfeind in die Augen.
17. Die Geschichte **ist** in **Vergessenheit** geraten.
18. Er **befleißigt** sich einer guten Aussprache.

Übung: *s, ss oder ß?*

1. Sie hatten die Wohnungstür abgeschlo ___ en.
2. Er hat im Schlu ___ verkauf viele Fä ___ er gekauft.
3. Die Schu ___ fahrt endete für einige tödlich.
4. Kennst du das Lied vom Heckenrö ___ lein?
5. Der Rei ___ verschlu ___ war kaputt.
6. Sie wei ___ , da ___ sie die Zahlungsfri ___ t einhalten mu ___ .
7. Sie wurde bla ___ , als sie feststellte, dass sie den Schlü ___ el verloren hatte.
8. Nach dem drei ___ ten Raubüberfall fielen einige Schü ___ e.
9. Der grie ___ grämige Mann zeigte kein bi ___ chen Verständni ___ .
10. Dem wi ___ begierigen Schüler fielen sehr viele Fragen ein.
11. Während des Regengu ___ es wurde die Gie ___ kanne gefüllt.
12. Vor der Abschlu ___ prüfung waren sie sehr flei ___ ig.
13. Er warf den Balla ___ t in den Flu ___ .
14. Die Touristen erschraken, als sie die Flo ___ e eines Hais sahen.
15. Der bi ___ ige Hund fra ___ ihr aus der Hand.
16. Da er sehr gro ___ i ___ t, will er nur fu ___ freie Plätze.
17. Die Tränen flo ___ en in Strömen.
18. La ___ t uns nach Osten ziehen!
19. Tragen die beiden da ___ elbe Kleid?

Lösung

▶ ***Lösung:** s, ss oder ß?*

1. Sie hatten die Wohnungstür **abgeschlossen**.
2. Er hat im **Schlussverkauf** viele **Fässer** gekauft.
3. Die **Schussfahrt** endete für einige tödlich.
4. Kennst du das Lied vom **Heckenröslein**?
5. Der **Reißverschluss** war kaputt.
6. Sie **weiß**, **dass** sie die **Zahlungsfrist** einhalten **muss**.
7. Sie wurde **blass**, als sie feststellte, **dass** sie den **Schlüssel** verloren hatte.
8. Nach dem **dreisten** Raubüberfall fielen einige **Schüsse**.
9. Der **griesgrämige** Mann zeigte kein **bisschen Verständnis**.
10. Dem **wissbegierigen** Schüler fielen sehr viele Fragen ein.
11. Während des **Regengusses** wurde die **Gießkanne** gefüllt.
12. Vor der **Abschlussprüfung** waren sie sehr **fleißig**.
13. Er warf den **Ballast** in den **Fluss**.
14. Die Touristen erschraken, als sie die **Flosse** eines Hais sahen.
15. Der **bissige** Hund **fraß** ihr aus der Hand.
16. Da er sehr **groß ist**, will er nur **fußfreie** Plätze.
17. Die Tränen **flossen** in Strömen.
18. **Lasst** uns nach Osten ziehen!
19. Tragen die beiden **dasselbe** Kleid?

Konsonanten: *das – dass*

***das* steht als bestimmter sächlicher Artikel vor einem Substantiv und kann durch das Demonstrativpronomen *dies(es)* oder *jenes* ersetzt werden.**
Er will das (dieses) Haus kaufen.

***das* steht statt eines Demonstrativpronomens (*dies(es)/jenes*) oder des Personalpronomens *es*.**
Er hat das (dies/es) nicht gewusst.

***das* leitet als Relativpronomen einen Attributsatz ein und kann als solches durch *welches* ersetzt werden.**
Er sah das Pferd, das (welches) den ersten Preis gewonnen hatte.

Die Konjunktion *dass* leitet (unterordnende) Gliedsätze ein.
Gliedsätze, die mit *dass* eingeleitet werden (können):

- **Subjektsätze**
  Die Konjunktion ***dass*** kann einen Subjektsatz einleiten und auch am Satzanfang stehen. In diesem Fall steht der Gliedsatz statt des Subjektes und ersetzt damit das entsprechende Satzglied.

  Dass ihr kommt, ist doch selbstverständlich.
  Das ist doch selbstverständlich.

  Allen ist klar, dass für die Prüfungen gelernt werden muss.
  Allen ist das klar.

- **Objektsätze**
  Die Konjunktion ***dass*** leitet häufig einen Objektsatz ein. Im Allgemeinen steht dieser Gliedsatz statt eines Objektes und ersetzt somit wie beim Subjektsatz das entsprechende Satzglied.

  Er meinte, dass sie klug sei.
  Er meinte es.

Sie ahnten schon, dass der Lehrer die Schularbeit nicht verschieben würde.
Sie ahnten es/das schon.

Dass die Prüfungen fair waren, mussten selbst die Schüler zugeben.
Das mussten selbst die Schüler zugeben.

- **Finalsätze**
drücken eine Absicht oder einen Zweck aus:

Er lernt, damit/dass er gute Noten bekommt.
Damit/Dass er sich von seiner Krankheit erholt, fährt er auf Kur.

- **Modalsätze**
drücken aus, wie etwas ausgeführt wird bzw. unter welchen Umständen das Geschehen im übergeordneten Satz abläuft:

Er gewann das Turnier, ohne dass er sich besonders angestrengt hätte.

- **Konsekutivsätze**
drücken eine Folge aus:

Er lief so schnell, dass er nicht mehr einzuholen war.
Der Einbrecher hinterließ Spuren, sodass/so dass er schnell ausfindig gemacht werden konnte.

Übung: *das oder dass?*
Bestimme jeweils die Wortart und den Gliedsatz!

1. Er hob ________ Buch auf, ________ ich hatte fallen lassen.
2. ________ Fahrrad, ________ vor der Garage steht, gehört meiner Schwester.
3. ________ wird er noch lernen.
4. Es wurde festgestellt, ________ allerlei gesundheitsschädlich ist.
5. Ich glaube, ________ eine schriftliche Anmeldung notwendig ist.
6. ________ hatte doch wohl niemand von euch erwartet!
7. Es hat uns sehr überrascht, ________ er sich nicht verteidigt hat.
8. ________ ist nicht meine Füllfeder.
9. Ich habe nicht erwartet, ________ du so früh kommst.
10. Wo ist ________ Kleid, ________ ich dir geborgt habe?
11. Ich hoffe sehr, ________ sie nicht zu der Party kommt.
12. ________ ist ja eine schöne Bescherung!
13. Man wirft ihm vor, ________ er unleserlich schreibt.
14. ________ du kommst, ist selbstverständlich.
15. Ich weiß, ________ es teuer ist.
16. Man musste gute Augen haben, um erkennen zu können, ________ die kleinen Punkte die Augen einer Katze waren.

▶ *Lösung: das oder dass?*
Bestimme jeweils die Wortart und den Gliedsatz!

1. Er hob **das** Buch auf, **das** ich hatte fallen lassen.

2. **Das** Fahrrad, **das** vor der Garage steht, gehört meiner Schwester.

3. Das wird er noch lernen.

4. Es wurde festgestellt, ***dass*** *allerlei gesundheitsschädlich ist*.

5. Ich glaube, ***dass*** *eine schriftliche Anmeldung notwendig ist*.

6. Das hatte doch wohl niemand von euch erwartet!

7 Es hat uns sehr überrascht, ***dass*** *er sich nicht verteidigt hat*.

8. Das ist nicht meine Füllfeder.

9. Ich habe nicht erwartet, ***dass*** *du so früh kommst*.

10. Wo ist **das** Kleid, **das** ich dir geborgt habe?

11. Ich hoffe sehr, ***dass*** *sie nicht zu der Party kommt*.

12. Das ist ja eine schöne Bescherung!

13. Man wirft ihm vor, ***dass*** *er unleserlich schreibt*.

14. ***Dass*** *du kommst*, ist selbstverständlich.

15. Ich weiß, ***dass*** *es teuer ist*.

16. Man musste gute Augen haben, um erkennen zu können, ***dass*** *die kleinen Punkte die Augen einer Katze waren*.

Bedeutung der Farben und Formen: **bestimmter sächlicher Artikel**; **Relativpronomen**, Relativsatz; Demonstrativpronomen; ***Bindewort***, *Objektsatz, Subjektsatz*

Konsonanten: *s – z*

Ob ein Wort mit *s* oder *z* geschrieben wird, sagt keine Regel. Man muss dies mit dem Wort, das man in seinen Wortschatz aufnimmt, lernen.
Eine kleine Hilfe stellten nur die Präfixe dar.

Übung

Wortschatzübung: Finde weitere Beispiele!

zer-	**zer**kleinern, **zer**gehen, **zer**fließen, ________
zu-	**zu**schließen, **zu**versichtlich, ________
zusammen-	**zusammen**kommen, ________
zuvor-	**zuvor**kommend, ________

Übung

Wortschatzübung: Finde weitere Beispiele!

Zier	**Zier**pflanze, **Zier**fisch, ______
Zauber	**Zauber**stab, **Zauber**flöte, ______
Zaun	**Zaun**gast, **Zaun**pfahl, ______
zwei	**zwei**deutig, **Zwei**takter, ______

Übung: *s – z*

1. Sie löst die Rät ___ el stet ___ innerhalb weniger Minuten.
2. Das Schwein grun ___ t ___ ufrieden.
3. Das Vermögen ist so angelegt, dass es gut ver ___ in ___ t wird.
4. In den Ferien faulen ___ en sie gerne am Meer.
5. Sie begaben sich in eine bren ___ lige Lage, als sie versuchten, ihn zu retten.
6. Fil ___ ist ein weicher Stoff.
7. Der Lot ___ e lot ___ t das Schiff durch die Klippen.
8. Er schlug mehrmal ___ zu.
9. Er ___ erkleinert das Hol ___ natürlich mit einer Axt.
10. Die Straße ist gesperrt, da sie gewal ___ t wird.
11. Die Untersuchung ___ eigte, dass die Geschwul ___ t harmlo ___ war.
12. Der Wel ___ ist ein Fisch.
13. Sie trägt nur ausgefran ___ te Jean ___ .
14. Trot ___ aller Warnungen sprang sie von dem Fel ___ vorsprung.
15. Er sah die Feuersbrun ___ t und alarmierte sofort die Feuerwehr.
16. Der Pul ___ geht schneller, wenn man nervö ___ ist.
17. Er fährt in die Pfal ___ , um seinen Vater zu besuchen.
18. Die Tierschüt ___ erin trägt keinen Pel ___ mantel.
19. Sie sal ___ t die Suppe immer nach.

Lösung

▶ *Lösung: s – z*

1. Sie löst die **Rätsel stets** innerhalb weniger Minuten.
2. Das Schwein **grunzt zufrieden**.
3. Das Vermögen ist so angelegt, dass es gut **verzinst** wird.
4. In den Ferien **faulenzen** sie gerne am Meer.
5. Sie begaben sich in eine **brenzlige** Lage, als sie versuchten, ihn zu retten.
6. **Filz** ist ein weicher Stoff.
7. Der **Lotse lotst** das Schiff durch die Klippen.
8. Er schlug **mehrmals** zu.
9. Er **zerkleinert** das **Holz** natürlich mit einer Axt.
10. Die Straße ist gesperrt, da sie **gewalzt** wird.
11. Die Untersuchung zeigte, dass die **Geschwulst harmlos** war.
12. Der **Wels** ist ein Fisch.
13. Sie trägt nur **ausgefranste Jeans**.
14. **Trotz** aller Warnungen sprang sie von dem **Felsvorsprung**.
15. Er sah die **Feuersbrunst** und alarmierte sofort die Feuerwehr.
16. Der **Puls** geht schneller, wenn man **nervös** ist.
17. Er fährt in die **Pfalz**, um seinen Vater zu besuchen.
18. Die **Tierschützerin** trägt keinen **Pelzmantel**.
19. Sie **salzt** die Suppe immer nach.

Konsonanten: *z – tz – zz*

Nach einem lang gesprochenen Vokal, nach einem Diphthong oder nach *l, n, r, ch* steht immer *z*: *duzen, beizen, heizen, Strapazen, Kapuze, Lazarett, Lenz, Pilz, Kranz, Arzt, Schmalz, schluchzen, Distanz, Bronze, Akazie, Magazin, Matrize, Miliz, Rezept, Notiz(buch), Referenzen, Kruzifix, …*

Nach einem kurz gesprochenen Vokal steht normalerweise (d. h. in deutschen Wörtern) *tz*: *Tatze, Hitze, Blitz, Mütze, Pfütze, Pratze, stutzen, schätzen, glotzen, protzen, schwitzen, Platz, putzen, trotzen, Spritze, Ätzung, Spitze, Dutzend, Gesetz, Ketzer, Netz, verdutzt, zuletzt, witzig, …*

Am Wortanfang wird im Allgemeinen *z* geschrieben: *Zeche, Zeisig, Zaunkönig, …*

In Fremdwörtern findet man nach einem kurzen Vokal *tz* oder *zz*: *Matratze, Mezzanin, Intermezzo, Mezzosopran, Razzia, Skizze, Jazz, …*

Aufgaben:

1. Schlage alle Wörter nach, die du nicht kennst!
2. Finde weitere Beispiele!

A
Aufgabe

Übung

Übung: *Suche Wörter mit z, tz bzw. zz!*

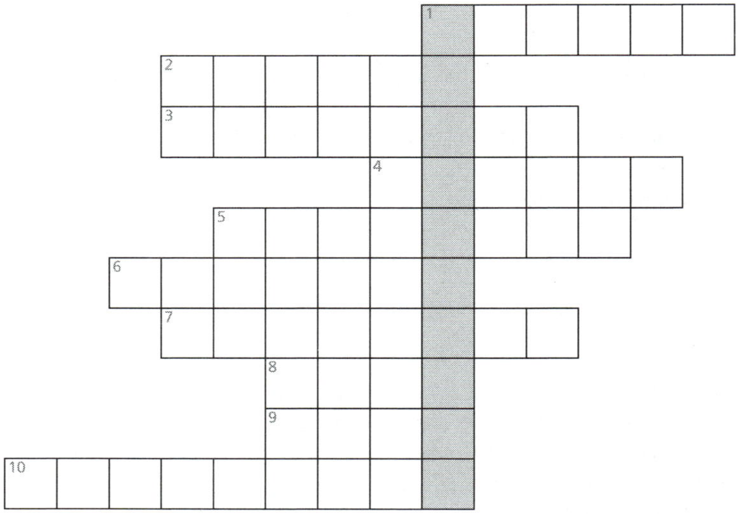

Waagrecht:

1. Kochanleitung
2. Kopfbedeckung, die an einem Mantel angenäht ist
3. Kreuz
4. jemand, der eine nicht allgemein akzeptierte Meinung öffentlich vertritt
5. Krankenhaus für Soldaten
6. Gerät, mit dem früher Kopien angefertigt wurden
7. Etage zwischen Erdgeschoss und 1. Stock
8. menschliches Organ
9. Gewicht
10. (körperliche) Anstrengungen

Senkrechtes Lösungswort:
Empfehlungen (für eine Bewerbung)

Lösung

Waagrecht: 1. Rezept, 2. Kapuze, 3. Kruzifix, 4. Ketzer, 5. Lazarett, 6. Matrize, 7. Mezzanin, 8. Milz, 9. Unze, 10. Strapazen
Senkrecht: Referenzen

Übung: *Setze Wörter mit z, zz oder tz ein!*
Hinweis: Die Lösungswörter solltest du auf den vorherigen Seiten gelernt haben!

1. Nach den St __________ mussten sie sich erst einmal erholen.

2. Die K __________ schützt sie hoffentlich vor dem Regen.

3. Sie machte sich während des Vortrags gestern Nachmittag viele N __________ .

4. Da sie keine R __________ vorweisen konnte, wurde sie abgewiesen und musste sich eine andere Stelle suchen.

5. Im Mittelalter wurden Menschen, die angeblich Anhänger einer so genannten Irrlehre waren, als K __________ zum Tode verurteilt.

6. Die R __________ blieb ohne Erfolg, denn die Täter waren gewarnt worden.

7. Das M __________ ist ein Stockwerk zwischen Parterre und erstem Stock.

8. Viele Touristen gehen in die Hofreitschule, um die L __________ zu sehen.

9. Die Nonnen versteckten das wertvolle K __________ vor den Einbrechern.

10. Unter M __________ versteht man kurz ausgebildete Truppen, die als Bürgerwehr dienen; manchmal ist aber auch die Polizei eines Landes gemeint.

11. In dem L __________ lagen viele verletzte Soldaten.

12. Die M __________ ist ihr zu weich.

13. Der A __________ stellte fest, dass die Patientin einen Herzfehler hatte.

Lösung

▸ ***Lösung:*** *Setze Wörter mit z, zz oder tz ein!*

1. Nach den **Strapazen** mussten sie sich erst einmal erholen.
2. Die **Kapuze** schützt sie hoffentlich vor dem Regen.
3. Sie machte sich während des Vortrags gestern Nachmittag viele **Notizen**.
4. Da sie keine **Referenzen** vorweisen konnte, wurde sie abgewiesen und musste sich eine andere Stelle suchen.
5. Im Mittelalter wurden Menschen, die angeblich Anhänger einer so genannten Irrlehre waren, als **Ketzer** zum Tode verurteilt.
6. Die **Razzia** blieb ohne Erfolg, denn die Täter waren gewarnt worden.
7. Das **Mezzanin** ist ein Stockwerk zwischen Parterre und erstem Stock.
8. Viele Touristen gehen in die Hofreitschule, um die **Lipizzaner** zu sehen.
9. Die Nonnen versteckten das wertvolle **Kruzifix** vor den Einbrechern.
10. Unter **Miliz** versteht man kurz ausgebildete Truppen, die als Bürgerwehr dienen; manchmal ist aber auch die Polizei eines Landes gemeint.
11. In dem **Lazarett** lagen viele verletzte Soldaten.
12. Die **Matratze** ist ihr zu weich.
13. Der **Arzt** stellte fest, dass die Patientin einen Herzfehler hatte.

Konsonanten: *f – pf – v – ph*

Da viele Schwierigkeiten mit dem f-Laut haben, sollen hier einerseits ein paar Vorsilben, andererseits einige Wörter angeführt werden, die oft Probleme bereiten. Ansonsten bleibt nur der Tipp, das Wörterbuch zu verwenden: Im Zweifelsfall bei *f, pf, ph, v* und *w* nachschlagen!

Prä- und Suffixe

-fach	vier**fach**, mehr**fach**, ________
fort-	**fort**fahren, **fort**gehen, **Fort**setzung, **Fort**bildung, ________
für-	**Für**bitte, **Für**sorge, ________
ver-	**ver**achten, **ver**anlassen, **ver**bieten, **ver**teilen, ________
vor-	**vor**bereiten, **vor**stellen, **vor**sehen, ________
voraus-	**voraus**eilen, **voraus**sehen, ________
vorbei-	**vorbei**kommen, ________

Prä- und Suffixe

Vorder-	**Vorder**achse, **Vorder**mann, ______________________
	______________________
vorher-	**vorher**sehen, ______________________
	______________________
weg-	**weg**gehen, **weg**sehen, **weg**werfen, __________
	______________________

Wortfamilien

fahren	**Fahr**t, **Fahr**karte, ______________________
fair	**Fair**ness, ______________________
fordern	**Forder**ung, ______________________
fördern	**Förder**ung, ______________________
viel	**viel**fach, ein **Viel**faches, ver**viel**fachen, __________
	______________________

Aufgabe

Aufgabe:
Versuche, weitere Beispiele zu finden!

Übung: *f – pf – v – ph*

1. Dies ist ein ___ ortsetzungsroman.
2. Sie kann schon das Al ___ abet.
3. Er hatte kein Moti ___ , sie umzubringen.
4. Sein ___ erhalten lässt ___ iel zu wünschen übrig.
5. ___ ergessen wir nicht unsere ___ erehrten Freunde.
6. Sie ist ___ erhältnismäßig bra ___ .
7. In dieser Kur ___ e passieren ___ iele Un ___ älle.
8. Alle ___ ielen über den Unschuldigen her.
9. Die Er ___ indung des Schießpul ___ ers ___ ällt in das erste Jahrtausend nach Christi.
10. Mein ___ etter sieht seinem ___ ater sehr ähnlich.
11. Sie ließen das ___ ieh ___ erbrennen.
12. Sie ist immer sehr ner ___ ös, wenn sie ein Inter ___ iew gibt.
13. Mutter ___ erwendet ziemlich oft Backpul ___ er.
14. Der ___ ölkerbund sollte eigentlich den Welt ___ rieden sichern.
15. Laut Wetter ___ orhersage sollen wir morgen um diese Zeit ___ öllig eingeschneit sein.
16. Wie ___ iele ___ re ___ eltaten wird er noch begehen, be ___ or ihm seine Taten nachgewiesen werden können?
17. Er trug einen ___ ollbart, als er ___ erhaftet wurde.
18. ___ olt ist die Einheit der elektrischen Spannung.

Lösung

▸ *Lösung: f – pf – v – ph*

1. Dies ist ein **Fortsetzungsroman**.
2. Sie kann schon das **Alphabet**.
3. Er hatte kein **Motiv**, sie umzubringen.
4. Sein **Verhalten** lässt **viel** zu wünschen übrig.
5. **Vergessen** wir nicht unsere **verehrten** Freunde.
6. Sie ist **verhältnismäßig brav**.
7. In dieser **Kurve** passieren **viele Unfälle**.
8. Alle **fielen** über den Unschuldigen her.
9. Die **Erfindung** des **Schießpulvers fällt** in das erste Jahrtausend nach Christi.
10. Mein **Vetter** sieht seinem **Vater** sehr ähnlich.
11. Sie ließen das **Vieh verbrennen**.
12. Sie ist immer sehr **nervös**, wenn sie ein **Interview** gibt.
13. Mutter **verwendet** ziemlich oft **Backpulver**.
14. Der **Völkerbund** sollte eigentlich den **Weltfrieden** sichern.
15. Laut **Wettervorhersage** sollen wir morgen um diese Zeit **völlig** eingeschneit sein.
16. Wie **viele Freveltaten** wird er noch begehen, **bevor** ihm seine Taten nachgewiesen werden können?
17. Er trug einen **Vollbart**, als er **verhaftet** wurde.
18. **Volt** ist die Einheit der elektrischen Spannung.

Übung

Übung: *f – pf – v – ph*

1. Er musste den ___ erlust seiner Papiere melden.
2. ___ enedig ___ ersinkt langsam im Meer.
3. Dieses ___ orgehen ist nicht ___ air.
4. Sie wusste nicht, ob sie eine ___ ase kau ___ en sollte.
5. Sie haben eine ___ illa mit einer großen ___ eranda.
6. Er konnte das Kla ___ ier nicht ___ erkaufen.
7. Die Schüler mussten das ___ ersmaß der ersten Stro ___ e bestimmen.
8. Sherlock Holmes spielte ___ ioline.
9. Die her ___ orragende Leistung des ___ irtuosen ge ___ iel allen.
10. Dieser ___ ulkan ist schon lange nicht mehr ausgebrochen.
11. Die Zeit vor Weihnachten nennt man Ad ___ ent.
12. Er ___ erbrachte ___ iel Zeit am Ha ___ en.
13. Sie lie ___ erten die wert ___ ollen Waren per Nachnahme.
14. Sie hat immer ein paar Konser ___ en zu Hause.
15. Sie brauchten ein neues ___ entil.
16. Nicht jeder In ___ alide braucht Hil ___ e.
17. Sie hat keinen Reser ___ erei ___ en.
18. In welchem E ___ angelium steht das?

▶ ***Lösung:*** *f – pf – v – ph*

1. Er musste den **Verlust** seiner Papiere melden.
2. **Venedig versinkt** langsam im Meer.
3. Dieses **Vorgehen** ist nicht **fair**.
4. Sie wusste nicht, ob sie eine **Vase kaufen** sollte.
5. Sie haben eine **Villa** mit einer großen **Veranda**.
6. Er konnte das **Klavier** nicht **verkaufen**.
7. Die Schüler mussten das **Versmaß** der ersten **Strophe** bestimmen.
8. Sherlock Holmes spielte **Violine**.
9. Die **hervorragende** Leistung des **Virtuosen gefiel** allen.
10. Dieser **Vulkan** ist schon lange nicht mehr ausgebrochen.
11. Die Zeit vor Weihnachten nennt man **Advent**.
12. Er **verbrachte viel** Zeit am **Hafen**.
13. Sie **lieferten** die **wertvollen** Waren per Nachnahme.
14. Sie hat immer ein paar **Konserven** zu Hause.
15. Sie brauchten ein neues **Ventil**.
16. Nicht jeder **Invalide** braucht **Hilfe**.
17. Sie hat keinen **Reservereifen**.
18. In welchem **Evangelium** steht das?

Vokale: Der Langvokal *i*

Der Langvokal *i* kann durch ein nachfolgendes *e*, ein (stummes) *h* oder durch *eh* gekennzeichnet werden.

Die Kombination ***ih*** findet man im Deutschen in den **Personal- und Possessivpronomen** und deren Flexionen, sofern diese den Langvokal ***i*** enthalten: *ihr, ihm, ihn, ihnen …*

Substantive, die auf *-ie* enden: *Demokratie, Dynastie, Chemie, Regie, Manie, Sympathie, Antipathie, Deponie, Drogerie, Hysterie, Genie, Industrie, Kolonie, Mumie, Galerie, Garantie, Biologie, Philosophie, Lotterie, Melodie, Epidemie, Theologie, Zoologie, Anarchie, Anatomie, Astrologie, Monarchie, Kategorie, Symmetrie, …*

Substantive, die auf *-ier* enden: *Klavier, Portier, Spalier, Manier, Juwelier, Kassier(er), Offizier, Papier, Polier, Scharnier, Tapezierer, Quartier, …*

Es gibt viele Verben, die im Infinitiv auf *-ieren* enden: *illustrieren, illuminieren, profitieren, profilieren, kritisieren, quittieren, konsumieren, gratulieren, addieren, subtrahieren, dividieren, diktieren, explodieren, frisieren, infizieren, marschieren, musizieren, organisieren, produzieren, quittieren, reparieren, servieren, studieren, lackieren, plombieren, verzieren, buchstabieren, …*

In allen anderen Fällen gibt es leider keine allgemein gültigen Regeln. Deshalb muss man die Rechtschreibung lernen. Dies ist vor allem bei jenen Wörtern wichtig, deren Bedeutung zwar an der Orthografie, nicht aber an der Aussprache zu erkennen ist.

Schlage jene Wörter nach, deren Bedeutung dir nicht klar ist:

Mine	Miene
wider	wieder
Lid	Lied

Übung: *Suche die zu den Substantiven gehörenden Verben!*

Addition	__________
Buchstabe	__________
Deponie	__________
Differenz	__________
Diktat	__________
Division	__________
Fantasie	__________
Gratulation	__________
Illustration	__________
Konsum	__________
Kontrolle	__________
Kritik	__________
Lack	__________
Note	__________
Organisation	__________
Plombe	__________
Profil	__________
Profit	__________
Quittung	__________

Lösung

▶ ***Lösung:*** *Suche die zu den Substantiven gehörenden Verben!*

Addition	addieren
Buchstabe	buchstabieren
Deponie	deponieren
Differenz	differenzieren
Diktat	diktieren
Division	dividieren
Fantasie	fantasieren
Gratulation	gratulieren
Illustration	illustrieren
Konsum	konsumieren
Kontrolle	kontrollieren
Kritik	kritisieren
Lack	lackieren
Note	notieren
Organisation	organisieren
Plombe	plombieren
Profil	profilieren
Profit	profitieren
Quittung	quittieren

wieder – wider

Jeder weiß wohl, dass *wieder* im Allgemeinen mit *noch einmal* oder *zurück* übersetzt werden kann, während *wider* im Sinne der Präposition *gegen* verwendet wird. Dennoch bereitet die Schreibung dieser Wörter und deren Ableitungen immer wieder Schwierigkeiten, zumal es hin und wieder auch noch Bedeutungsunterschiede gibt, die man durch Zusammen- oder Getrenntschreibung orthografisch darstellt. Glücklicherweise gibt es aber folgende Regeln, die einem im Zweifelsfall weiterhelfen:

Wird *wieder* im Sinne von *zurück* verwendet, schreibt man im Allgemeinen zusammen; wird es aber in der Bedeutung von *nochmals* bzw. *erneut* eingesetzt, schreibt man getrennt.

Liegt die Betonung entweder nur auf *wieder* oder auf *wieder* und dem Verb oder Adjektiv, kann sowohl getrennt als auch zusammengeschrieben werden.

zurück	nochmals
wiedergeben	wieder geben
wiedergewinnen	wieder gewinnen
wiederholen	wieder holen
wiederaufbauen	wieder aufbauen
wiederfinden	wieder finden
wiedervereinigen	wieder vereinigen
wiedererkennen	wieder erkennen
wiederverwerten	wieder verwerten

In einigen Fällen kann man frei wählen, in anderen ergibt sich ein Bedeutungsunterschied, den die folgenden Beispiele zeigen sollen:

Er konnte nach der Augenoperation wieder sehen.
Sie wollte ihn nicht wiedersehen/wieder sehen.
Kannst du mir das Wörterbuch wieder geben? (noch einmal)
Kannst du mir das Wörterbuch wiedergeben? (zurückgeben)
Das Kindermädchen entschied, den Ball selbst wieder zu holen, als er auf die Straße rollte.
Die Lehrerin entschied, den Stoff zu wiederholen, als sie bemerkte, dass die Schüler ihn noch nicht verstanden hatten.

Hinweis zu *wieder zu holen* bzw. *wiederzuholen*: Dieses Beispiel zeigt auch deutlich die Bildung und Schreibweise der Infinitive mit *zu*, die manchen Schwierigkeiten bereiten: Bei Getrenntschreibung steht das *zu* als drittes Wort zwischen den beiden Wörtern *wieder* und *holen*, während das *zu* vor der Zusammenschreibung zu finden ist.

Wörter mit *wider*

Widersprüche, widersprechen, widerfahren, widersetzen, widerlegen, Widersacher, widerwillig, Widerhall, widerspiegeln, widerrufen, Widerstand, widerstehen, widerspenstig, erwidern, widerrechtlich, widerlich, ...

Übung: *wieder (noch einmal oder zurück) – wider (gegen)*

1. Sie verwickelte sich in W ___ dersprüche, als sie verhört wurde.
2. Er wollte w ___ derkommen, um sich zu verabschieden.
3. Sie wagte es nicht, ihrem Vater zu w ___ dersprechen.
4. Du wirst mir nicht glauben, wenn ich dir sage, was mir w ___ derfahren ist!
5. Wir müssen w ___ derholen, wie man die Zeiten bildet, oder?
6. Er versuchte, sich der Festnahme zu w ___ dersetzen.
7. Der Verteidiger konnte die Behauptungen der klagenden Partei w ___ derlegen.
8. Er konnte seine Wi ___ dersacher entlarven.
9. W ___ derwillig gab er schließlich zu, die Tat begangen zu haben.
10. Den W ___ derhall nennt man im Allgemeinen Echo.
11. Der Sonnenuntergang spiegelte sich im Meer w ___ der.
12. Der Angeklagte w ___ derrief sein zuvor gemachtes Geständnis.
13. Die Armee leistete W ___ derstand, obwohl der Kampf aussichtslos war.
14. Das Kind war sehr w ___ derspenstig.
15. Alle halfen beim W ___ deraufbau.
16. Kannst du w ___ dergeben, was ich eben gesagt habe?
17. Nach der Operation konnte er w ___ der sehen.

Lösung

▸ *Lösung: wieder (noch einmal oder zurück) – wider (gegen)*

1. Sie verwickelte sich in **Widersprüche**, als sie verhört wurde.
2. Er wollte **wiederkommen**, um sich zu verabschieden.
3. Sie wagte es nicht, ihrem Vater zu **widersprechen**.
4. Du wirst mir nicht glauben, wenn ich dir sage, was mir **widerfahren** ist!
5. Wir müssen **wiederholen**, wie man die Zeiten bildet, oder?
6. Er versuchte, sich der Festnahme zu **widersetzen**.
7. Der Verteidiger konnte die Behauptungen der klagenden Partei **widerlegen**.
8. Er konnte seine **Widersacher** entlarven.
9. **Widerwillig** gab er schließlich zu, die Tat begangen zu haben.
10. Den **Widerhall** nennt man im Allgemeinen Echo.
11. Der Sonnenuntergang **spiegelte** sich im Meer **wider**.
12. Der Angeklagte **widerrief** sein zuvor gemachtes Geständnis.
13. Die Armee leistete **Widerstand**, obwohl der Kampf aussichtslos war.
14. Das Kind war sehr **widerspenstig**.
15. Alle halfen beim **Wiederaufbau**.
16. Kannst du **wiedergeben**, was ich eben gesagt habe?
17. Nach der Operation konnte er **wieder sehen**.

***Übung:** wieder (noch einmal oder zurück) – wider (gegen)*

1. Sie wagte es nicht, die Anschuldigungen vor ihren W ___ dersachern zu w ___ derholen.
2. Das Theater wurde nach langer Zeit mit einem Stück von Shakespeare w ___ der eröffnet.
3. Wird er w ___ derkehren?
4. Wie viele stehen der W ___ dervereinigung heute noch skeptisch gegenüber?
5. Er erw ____ derte, dass er das w ____ derrechtliche Vorgehen w ___ derlich finde.
6. Nachdem er seine Gesundheit w ___ dererlangt hatte, feierte er auf der Bühne sein großes Comeback.
7. Der Verletzte war nach einigen Tagen w ___ derhergestellt.
8. Die Kunden baten, die Waren w ___ der herzustellen.
9. Man war allgemein der Meinung, dass der Roman das Leben der Autorin w ___ derspiegelte.
10. Wer kann diesem Essen w ___ derstehen?
11. Nach dem Krieg wurde hier alles w ___ der aufgebaut.
12. Die Unterlagen konnten w ___ der verwertet werden.
13. Sie konnte ihn w ___ der beleben.
14. Wurdest du w ___ dererkannt?
15. Wenn man hier w ___ der einmal kehrt, sieht alles anders aus.
16. Kühe sind W ___ derkäuer.

▶ ***Lösung:** wieder (noch einmal oder zurück) – wider (gegen)*

1. Sie wagte es nicht, die Anschuldigungen vor ihren **Widersachern** zu **wiederholen**.

2. Das Theater wurde nach langer Zeit mit einem Stück von Shakespeare **wieder eröffnet**.

3. Wird er **wiederkehren**?

4. Wie viele stehen der **Wiedervereinigung** heute noch skeptisch gegenüber?

5. Er **erwiderte**, dass er das **widerrechtliche** Vorgehen **widerlich** finde.

6. Nachdem er seine Gesundheit **wiedererlangt** hatte, feierte er auf der Bühne sein großes Comeback.

7. Der Verletzte war nach einigen Tagen **wiederhergestellt**.

8. Die Kunden baten, die Waren **wieder herzustellen**.

9. Man war allgemein der Meinung, dass der Roman das Leben der Autorin **widerspiegelte**.

10. Wer kann diesem Essen **widerstehen**?

11. Nach dem Krieg wurde hier alles **wieder aufgebaut**.

12. Die Unterlagen konnten **wieder verwertet** werden.

13. Sie konnte ihn **wiederbeleben**.

14. Wurdest du **wiedererkannt**?

15. Wenn man hier **wieder einmal** kehrt, sieht alles anders aus.

16. Kühe sind **Wiederkäuer**.

(Wortschatz-)Übungen zu i

Übung: Wörter mit dem Langvokal i
Schlage die Wörter nach, deren Bedeutung du nicht kennst!
Versuche, die Liste zu ergänzen!

i	*ie*	*ieh*
Prise	Dieb	Vieh
Brise	Sieg	lieh
Bibel	viel	sieh
Tiger	fiel	fliehen
Saphir	fliegen	______
Viper	sie	______
agil	Liebe	______
Devise	Zwieback	______
solide	Schwiele	______
Exil	Kiemen	______
Gardine	Tiegel	______
grazil	Diele	______
Kantine	Giebel	______
Lawine	______	______
Präzision	______	______

Übung

Wortschatzübung: *Schlage die Wörter nach, sofern du die Wörter nicht kennst bzw. die unterschiedliche Bedeutung der Wortpaare nicht erklären kannst!*

Rederei	Reederei
Prise	Brise
Mine	Miene
Grete	Gräte
viel	fiel
Gewehr	Gewähr
sie	sieh
Aas	Ass

Übung: *Wörter mit dem Langvokal i*
Ordne die Definitionen den entsprechenden Begriffen zu!

Begriff	Definition
Prise	leichter Wind
Brise	gefährliche Giftschlange
Bibel	zierlich
Saphir	kleine Menge einer pulverigen bzw. feinkörnigen Substanz, die man z. B. mit den Fingern mahlend über eine Speise gibt
Viper	Vorzimmer
Devise	Schneemassen, die den Berg hinunterrollen
solide	massiv gebaut (Möbel), anständig (Mensch)
Exil	Wohnort außerhalb der Heimat, weil man dort unerwünscht ist
grazil	Speisesaal für Soldaten, Werksangestellte etc.
Kantine	verhärtete Stellen an der Haut, vor allem an den Händen und Füßen
Lawine	wertvoller Edelstein, der oft blau, aber auch farblos, gelb, grün oder violett sein kann
Schwielen	Motto
Diele	für Christen das „Buch der Bücher“

Lösung

▶ *Lösung: Wörter mit dem Langvokal i*

Begriff	Definition
Prise	kleine Menge einer pulverigen bzw. feinkörnigen Substanz, die man z. B. mit den Fingern mahlend über eine Speise gibt
Brise	leichter Wind
Bibel	für Christen das „Buch der Bücher"
Saphir	wertvoller Edelstein, der oft blau, aber auch farblos, gelb, grün oder violett sein kann
Viper	gefährliche Giftschlange
Devise	Motto
solide	massiv gebaut (Möbel), anständig (Mensch)
Exil	Wohnort außerhalb der Heimat, weil man dort unerwünscht ist
grazil	zierlich
Kantine	Speisesaal für Soldaten, Werksangestellte etc.
Lawine	Schneemassen, die den Berg hinunterrollen
Schwielen	verhärtete Stellen an der Haut, vor allem an den Händen und Füßen
Diele	Vorzimmer

Übung: *Suche Wörter mit i bzw. ie!*

Senkrecht:
1. Speisesaal für Werksangestellte
2. zierlich
3. Atmungsorgane der Fische
6. Vorhang
10. Edelstein
11. kleine Menge einer pulverigen Substanz
13. Wohnort außerhalb der Heimat, die man verlassen musste

Waagrecht:
4. Schneemassen, die einen Berg hinunterrollen
5. körperlich (und geistig) rege
7. Genauigkeit
8. ein im Allgemeinen dreieckiger, oft verzierter Dachabschluss
9. Motto
12. verhärtete Stellen an der Haut, vor allem an den Händen und Füßen
14. Vorzimmer

Waagrecht: 4. Lawine, 5. agil, 7. Präzision, 8. Giebel, 9. Devise, 12. Schwielen, 14. Diele
Senkrecht: 1. Kantine, 2. grazil, 3. Kiemen, 6. Gardine, 10. Saphir, 11. Prise, 13. Exil

Steht im Infinitiv ein *h*, um die Länge anzuzeigen, bleibt dieses erhalten, sofern der Stammvokal in den anderen Formen auch lang gesprochen wird!

Infinitiv	3. P. Sg., Präsens	Präteritum	Partizip Perfekt
befehlen	befiehlt	befahl	befohlen
empfehlen	empfiehlt	empfahl	empfohlen
geschehen	geschieht	geschah	geschehen

Wird der Stammvokal lang gesprochen, kann nach diesem kein Doppelkonsonant stehen. Deshalb steht nach dem Langvokal weder bei *kam*, *bat* und *traf* noch bei *nahm* ein Doppelkonsonant!

Infinitiv	3. P. Sg., Präsens	Präteritum	Partizip Perfekt
kommen	kommt	kam	gekommen
nehmen	nimmt	nahm	genommen
bitten	bittet	bat	gebeten
treffen	trifft	traf	getroffen

Übung: *Lernt man die unregelmäßigen Verben, muss man auch auf die Rechtschreibung achten. Vervollständige die Tabelle und überprüfe die Faustegeln!*

Infinitiv	**3. P. Sg., Präsens**	**Präteritum**	**Partizip Perfekt**
gedeihen	gedeiht	gedieh	gediehen
(ver)leihen	______	______	______
______	______	______	verziehen
______	meidet	______	______
preisen	______	______	______
______	______	______	geschieden
______	______	stieg	______
beißen	______	______	______
______	______	______	gelitten
______	schneidet	______	______
______	______	stritt	______
______	______	______	befohlen
empfehlen	______	______	______
______	______	stahl	______
______	______	briet	______
fallen	______	______	______

Lösung

▶ *Lösung: Vervollständige die Tabelle!*

Infinitiv	3. P. Sg.,	Präteritum Präsens	Partizip Perfekt
gedeihen	gedeiht	gedieh	gediehen
(ver)leihen	(ver)leiht	(ver)lieh	(ver)liehen
verzeihen	verzeiht	verzieh	verziehen
meiden	meidet	mied	gemieden
preisen	preist	pries	gepriesen
scheiden	scheidet	schied	geschieden
steigen	steigt	stieg	gestiegen
beißen	beißt	biss	gebissen
leiden	leidet	litt	gelitten
schneiden	schneidet	schnitt	geschnitten
streiten	streitet	stritt	gestritten
befehlen	befiehlt	befahl	befohlen
empfehlen	empfiehlt	empfahl	empfohlen
stehlen	stiehlt	stahl	gestohlen
braten	brät	briet	gebraten
fallen	fällt	fiel	gefallen

***Übung:** i – ie – ih – ieh*

1. Die B ___ ne fl ___ gt von Blume zu Blume, um Nektar zu sammeln.
2. Die Masch ___ ne funktion ___ rt überhaupt nicht.
3. Das Haus hat wunderschöne G ___ bel.
4. Auf d ___ sem Bauernhof haben s ___ nur noch wenig V ___ .
5. Sie sangen v ___ le L ___ der über die L ___ be.
6. Die D ___ be brachen auch bei dem alten Goldschm ___ d ein.
7. Sie l ___ sich immer nur L ___ besromane aus.
8. Das Wasser war so klar, dass er sein Sp ___ gelbild sehen konnte.
9. Es bl ___ b ___ nen nichts anderes übrig, als gute M ___ ne zum bösen Sp ___ l zu machen.
10. Die S ___ ger waren bereit, Fr ___ den zu schl ___ ßen.
11. Auf der W ___ se findet man v ___ le T ___ re, denn es g ___ bt dort nicht nur Z ___ gen oder St ___ re, sondern auch so genanntes Ungez ___ fer.
12. Sie hat Probleme mit ___ ren Knochen: S ___ muss sich sowohl ___ ren linken K ___ fer als auch ___ r rechtes Kn ___ oper ___ ren lassen.
13. Die Erzm ___ ne wurde st ___ llgelegt, weil keine Gew ___ nne mehr erz ___ lt werden konnten.
14. Paras ___ ten sind Schmarotzer.
15. Alle bewunderten die Präz ___ s ___ onsarbeit.
16. Kaiserin Zita, d ___ den Großteil ___ res Lebens im Ex ___ l verbracht hatte, wurde in der Kapuz ___ nergruft beigesetzt.

Lösung

▶ ***Lösung:*** *i – ie – ih – ieh*

1. Die **Biene fliegt** von Blume zu Blume, um Nektar zu sammeln.
2. Die **Maschine funktioniert** überhaupt nicht.
3. Das Haus hat wunderschöne **Giebel**.
4. Auf **diesem** Bauernhof haben **sie** nur noch wenig **Vieh**.
5. Sie sangen **viele Lieder** über die **Liebe**.
6. Die **Diebe** brachen auch bei dem alten **Goldschmied** ein.
7. Sie **lieh** sich immer nur **Liebesromane** aus.
8. Das Wasser war so klar, dass er sein **Spiegelbild** sehen konnte.
9. Es **blieb ihnen** nichts anderes übrig, als gute **Miene** zum bösen **Spiel** zu machen.
10. Die **Sieger** waren bereit, **Frieden** zu **schließen**.
11. Auf der **Wiese** findet man **viele Tiere**, denn es **gibt** dort nicht nur **Ziegen** oder **Stiere**, sondern auch so genanntes **Ungeziefer**.
12. Sie hat Probleme mit **ihren** Knochen: Sie muss sich sowohl **ihren** linken **Kiefer** als auch **ihr** rechtes **Knie operieren** lassen.
13. Die **Erzmine** wurde **stillgelegt**, weil keine **Gewinne** mehr **erzielt** werden konnten.
14. **Parasiten** sind Schmarotzer.
15. Alle bewunderten die **Präzisionsarbeit**.
16. Kaiserin Zita, **die** den Großteil **ihres** Lebens im **Exil** verbracht hatte, wurde in der **Kapuzinergruft** beigesetzt.

Vokale: Schreibung der anderen Langvokale

Während die Langvokale *a, e* und *o* durch Doppelvokale oder ein nachfolgendes *h* gekennzeichnet werden können, kann die Länge der Umlaute, wenn diese zu erkennen ist, nur durch ein nachfolgendes *h* geschehen. Leider gibt es diesbezüglich keine Regeln.

Übung

Übung: *Schlage die Wörter nach, deren Bedeutung du nicht kennst!*
Versuche, die Liste zu ergänzen!

a	bat, Labsal, Tag, Tal, Sage, Mal, ______________
	______________________________
aa	Aar, Aas, Saal, Saat, ______________
	______________________________
ah	Fahrt, fahl, Mahl, ______________
	______________________________
e	Serum, selig, ______________
	______________________________
ee	Seele, Beet, Galeere, Beere, Gelee, Heer, Armee, Moschee, Allee, Reeder, Orchidee, Porree, Karree,
	______________________________
	______________________________
eh	ehrlich, Sehne, ______________
	______________________________

o	bot, Lob, ______
oo	Boot, Moor, Moos, ______
oh	Fohlen, Kohle, Ohm, ______
ä	Säle, Täler, Fontäne, Domäne, mondän, ______
äh	Ähre, Fähre, Mähre, ______
ö	Öl, Öre, Öse, böse, Einöde, ______
öh	Föhre, Nadelöhr, ______
u	Ur, Urwald, uralt, Buße, Lure, Muße, Fuß, Tube, ______
uh	Uhr, Fuhre, ______
ü	Übel, Rübe, trüb, Lüge, müde, ______
üh	Brühe, früh, ______

Übung: Wörter mit Langvokalen

Übung

1. Die so genannte High Society l ___ ß sich in den Sommermonaten natürlich in dem mond ___ nen Badeort sehen.
2. Bewegliche, rege Menschen bezeichnet man als ag ___ l.
3. So mancher Herrscher musste ins Ex ___ l, um von dort aus zu beobachten, was in seinem Land vor sich ging.
4. Die meisten Menschen haben Gard ___ nen vor den Fenstern, weil sie nicht möchten, dass die Nachbarn sehen, was sie so treiben.
5. Obwohl Law ___ nengefahr herrschte, fuhren s ___ Sk ___ .
6. Sie essen fast täglich in der Kant ___ ne, d ___ nicht nur preiswertes, sondern auch gutes Essen anzub ___ ten hat.
7. Der präz ___ se arbeitende Goldschm ___ d wird den besch ___ digten Saph ___ r noch verwenden können.
8. Wer stellt heute noch sol ___ de M ___ bel her?
9. Kennst du jemanden, der Orchid ___ n züchtet?
10. Sie sollte etwas Schweinskarr ___ und Porr ___ kaufen.
11. Sie ging gerne die All ___ entlang, da sie dort unter den Bäumen etwas Schatten fand.
12. Den eingedickten Fruchtsaft auf einer Torte nennt man im Allgemeinen Gel ___ .
13. Eine Mosch ___ ist ein mohammedanisches Gotteshaus.
14. Ein H ___ r von Soldaten, die das Land verteidigen sollen, wird auch Arm ___ genannt.
15. Früher verwendete man Sp ___ re, um T ___ re zu erlegen.

Lösung

▶ *Lösung: Wörter mit Langvokalen*

1. Die so genannte High Society **ließ** sich in den Sommermonaten natürlich in dem **mondänen** Badeort sehen.

2. Bewegliche, rege Menschen bezeichnet man als **agil**.

3. So mancher Herrscher musste ins **Exil**, um von dort aus zu beobachten, was in seinem Land vor sich ging.

4. Die meisten Menschen haben **Gardinen** vor den Fenstern, weil sie nicht möchten, dass die Nachbarn sehen, was sie so treiben.

5. Obwohl **Lawinengefahr** herrschte, fuhren **sie Ski**.

6. Sie essen fast täglich in der **Kantine**, **die** nicht nur preiswertes, sondern auch gutes Essen **anzubieten** hat.

7. Der **präzise** arbeitende **Goldschmied** wird den **beschädigten Saphir** noch verwenden können.

8. Wer stellt heute noch **solide Möbel** her?

9. Kennst du jemanden, der **Orchideen** züchtet?

10. Sie sollte etwas **Schweinskarree** und **Porree** kaufen.

11. Sie ging gerne die **Allee** entlang, da sie dort unter den Bäumen etwas Schatten fand.

12. Den eingedickten Fruchtsaft auf einer Torte nennt man im Allgemeinen **Gelee**.

13. Eine **Moschee** ist ein mohammedanisches Gotteshaus.

14. Ein **Heer** von Soldaten, die das Land verteidigen sollen, wird auch **Armee** genannt.

15. Früher verwendete man **Speere**, um **Tiere** zu erlegen.

Vokale: *e – ä*

Übung: *e oder ä?*

Übung

1. Auch h ___ ute sterben noch viele Menschen an verschiedenen S ___ uchen.
2. Auf dem Land sind die Br ___ uche eines Landes eher bekannt als in der Stadt.
3. Es gelang ihm, dem Ungeh ___ uer seinen Speer ins Herz zu schl ___ udern.
4. Die Bodyguards schl ___ usten den beliebten S ___ nger durch das Gedr ___ nge.
5. Sie verabs ___ umte nie, das kleine Feigenb ___ umchen zu gießen.

6 Karies ist das lateinische Wort für F ___ ulnis.

7. Da ihr M ___ use und Ratten ein Gr ___ uel sind, versch ___ uchte er diese.
8. Das Pferd sch ___ ute, als die Glocken der Kirche gel ___ utet wurden.
9. Der J ___ ger ging zum Weiher, wo er mit seinem alten Gew ___ hr einen Reiher erschoss.
10. Sei ___ hrlich! Du könntest allm ___ hlich zugeben, dass du deinen R ___ chner verwendet hast.
11. Da viele Menschen abergl ___ ubisch sind, gibt es in Hotels keine 13. Etage.
12. Es sind schon viele Menschen an Fischgr ___ ten erstickt.
13. Jedem fiel auf, dass er seine wahren Gefühle l ___ ugnete.

Lösung

▶ *Lösung:* e *oder* ä?

1. Auch **heute** sterben noch viele Menschen an verschiedenen **Seuchen.**
2. Auf dem Land sind die **Bräuche** eines Landes eher bekannt als in der Stadt.
3. Es gelang ihm, dem **Ungeheuer** seinen Speer ins Herz zu **schleudern.**
4. Die Bodyguards **schleusten** den beliebten **Sänger** durch das **Gedränge**.
5. Sie **verabsäumte** nie, das kleine **Feigenbäumchen** zu gießen.
6. Karies ist das lateinische Wort für **Fäulnis**.
7. Da ihr **Mäuse** und Ratten ein **Gräuel** sind, **verscheuchte** er diese.
8. Das Pferd **scheute**, als die Glocken der Kirche **geläutet** wurden.
9. Der **Jäger** ging zum Weiher, wo er mit seinem alten **Gewehr** einen Reiher erschoss.
10. Sei **ehrlich**! Du könntest **allmählich** zugeben, dass du deinen **Rechner** verwendet hast.
11. Da viele Menschen **abergläubisch** sind, gibt es in Hotels keine 13. Etage.
12. Es sind schon viele Menschen an **Fischgräten** erstickt.
13. Jedem fiel auf, dass er seine wahren Gefühle **leugnete**.

Diphthonge: *ei – ai*

Die folgenden Beispiele zeigen wohl recht deutlich, dass man die Frage, ob ein Wort mit *ei* oder *ai* geschrieben wird, nicht mit Hilfe irgendwelcher Regeln beantworten kann.

Übung: Schlage die Wörter nach, um die Bedeutung der Wörter zu erfahren!

Hein	Hain
Seite	Saite
Weise	Waise
rein	Rain
Leib	Laib
mein	Main
Leichen	laichen
bei	Bai

Übung

Übung: *Suche Begriffe mit ai bzw. ei!*

Wie lauten die gesuchten Begriffe mit ai bzw. ei?

1. klug
2. Eierablage von Wassertieren
3. Ackergrenze
4. runde oder ovale Masse (Brot oder Käse)
5. Kind, dessen Eltern gestorben sind
6. dünner Strang eines Musikinstrumentes
7. Fluss in Deutschland
8. tote (menschliche) Körper
9. ein kleiner (heller) Wald
10. das Blatt eines Heftes
11. als „Freund ..." eine Bezeichnung für den Tod
12. Bucht

Lösung

1. weise, 2. Laich, 3. Rain, 4. Laib, 5. Waise, 6. Saite, 7. Main, 8. Leib, 9. Hain, 10. Seite, 11. Hein, 12. Bai

Übung: *ei oder ai?*

1. Der japanische K ___ ser wird Tenno genannt.
2. Sie bauen W ___ zen an.
3. Sie will verm ___ den, ihn noch ___ nmal zu treffen.
4. Das ist eine bekannte Volksw ___ se.
5. Das Vieh steht auf der W ___ de.
6. Die Blumen blühen auf der H ___ de.
7. Kukuruz wird auch M ___ s genannt.
8. Sie wurden in alle Geh ___ mnisse eingew ___ ht.
9. Sie behaupten st ___ f und fest, dass sie unschuldig s ___ en.
10. Verl ___ hst du Geld?
11. Es ist unverz ___ hlich, was ihr getan habt!
12. Er r ___ hte sich ein.
13. Der Rh ___ n und der M ___ n sind Flüsse in Deutschland.
14. Sie klagte jedem ihr L ___ d.
15. N ___ d ist keine Tugend!
16. Der Jäger z ___ gte seinen Gästen die Gew ___ he des erlegten Wildes.
17. Sie schmückten den M ___ baum.
18. Die Prophez ___ ung ging in Erfüllung.

Lösung

▶ *Lösung: ei oder ai?*

1. Der japanische **Kaiser** wird Tenno genannt.
2. Sie bauen **Weizen** an.
3. Sie will **vermeiden**, ihn noch **einmal** zu treffen.
4. Das ist eine bekannte **Volksweise**.
5. Das Vieh steht auf der **Weide**.
6. Die Blumen blühen auf der **Heide**.
7. Kukuruz wird auch **Mais** genannt.
8. Sie wurden in alle **Geheimnisse** eingeweiht.
9. Sie behaupten **steif** und fest, dass sie unschuldig **seien**.
10. **Verleihst** du Geld?
11. Es ist **unverzeihlich**, was ihr getan habt!
12. Er **reihte** sich ein.
13. Der **Rhein** und der **Main** sind Flüsse in Deutschland.
14. Sie klagte jedem ihr **Leid**.
15. **Neid** ist keine Tugend!
16. Der Jäger **zeigte** seinen Gästen die **Geweihe** des erlegten Wildes.
17. Sie schmückten den **Maibaum**.
18. Die **Prophezeiung** ging in Erfüllung.

Übung: *ei oder ai?*

1. Ein L ___ e ist kein Fachmann.
2. Ein K ___ ist eine Uferstraße.
3. Den unbebauten Grenzstr ___ fen zwischen zwei Äckern nennt man R ___ n.
4. W ___ ßt du, wann Störe l ___ chen?
5. Eine W ___ se hat weder Vater noch Mutter.
6. Das Kind sollte einen L ___ b Brot kaufen.
7. Den tropischen Wirbelsturm in Südostasien nennt man T ___ fun.
8. Die M ___ se ist eine Vogelart.
9. Unter T ___ lle versteht man die schmalste Stelle zwischen Hüfte und Brust.
10. Es wurde ein neuer Tr ___ ner gefunden und sofort eingestellt.
11. Sie wollten alle Det ___ ls erfahren.
12. Früher sagte man zu einem Mädchen M ___ d.
13. Sie schrie sich die Seele aus dem L ___ b.
14. Sie spielen nicht f ___ r, oder?
15. Gefällt dir die em ___ llierte Vase?
16. Es werden viele Gräuelmärchen über den H ___ verbreitet.
17. Sie musste nur den Refr ___ n des Liedes singen.
18. Das Überschreiten der Bahngel ___ se ist verboten.

Lösung

▶ ***Lösung:*** *ei oder ai?*

1. Ein **Laie** ist kein Fachmann.

2. Ein **Kai** ist eine Uferstraße.

3. Den unbebauten **Grenzstreifen** zwischen zwei Äckern nennt man **Rain**.

4. Weißt du, wann Störe **laichen**?

5. Eine **Waise** hat weder Vater noch Mutter.

6. Das Kind sollte einen **Laib** Brot kaufen.

7. Den tropischen Wirbelsturm in Südostasien nennt man **Taifun**.

8. Die **Meise** ist eine Vogelart.

9. Unter **Taille** versteht man die schmalste Stelle zwischen Hüfte und Brust.

10. Es wurde ein neuer **Trainer** gefunden und sofort eingestellt.

11. Sie wollten alle **Details** erfahren.

12. Früher sagte man zu einem Mädchen **Maid**.

13. Sie schrie sich die Seele aus dem **Leib**.

14. Sie spielen nicht **fair**, oder?

15. Gefällt dir die **emaillierte** Vase?

16. Es werden viele Gräuelmärchen über den **Hai** verbreitet.

17. Sie musste nur den **Refrain** des Liedes singen.

18. Das Überschreiten der **Bahngeleise** ist verboten.

Zusammen- und Getrenntschreibung

Hier werden einige Regeln angeführt, Beispiele gegeben und Übungen geboten. Es gibt aber auch im Anschluss an die Regeln der Groß- und Kleinschreibung einige Seiten mit Übungen in diesem Buch, um sowohl Groß- und Kleinschreibung als auch die Zusammen- und Getrenntschreibung und Interpunktion zu üben!

Regeln und Übungen zur Zusammen- und Getrenntschreibung

gar **wird von dem folgenden Wort getrennt geschrieben:** *gar kein(e), gar nicht(s), ...*

Übung 1: *Welche Schreibweise ist korrekt?*
Er wollte garkein/gar kein Interview geben.
Bist du denn garnicht/gar nicht an den Ergebnissen interessiert?
Darf ich denn garkeine/gar keine Frage stellen?
Sie konnte garnichts/gar nichts sagen, da sie unter Schock stand.

so, wie **und** ***zu*** **in Verbindung mit einem Adjektiv, einem Adverb oder einem Pronomen schreibt man getrennt:** *so/wie/zu weit, so/wie/zu oft, so/wie/zu viel(e), ...*

Übung 2: *Welche Schreibweise ist korrekt?*
Wieviele/Wie viele Preise hat sie schon gewonnen?
Es ist zuweit/zu weit, um zu Fuß zu gehen.
Er konnte nicht soviel/so viel trinken wie die anderen.
Er fehlte sooft/so oft, dass ihn niemand wirklich kannte.

Ableitungen von geografischen Eigennamen mit der Endung *-er* schreibt man getrennt: *Hamburger Straße, Wiener Straße, Triester Straße, ...*

▶ *Lösung: Erinnerst du dich an die Regeln?*

1. ***Welche Schreibweise ist korrekt?***
   Er wollte **gar kein** Interview geben.
   Bist du denn **gar nicht** an den Ergebnissen interessiert?
   Darf ich denn **gar keine** Frage stellen?
   Sie konnte **gar nichts** sagen, da sie unter Schock stand.

2. ***Welche Schreibweise ist korrekt?***
   Wie viele Preise hat sie schon gewonnen?
   Es ist **zu weit**, um zu Fuß zu gehen.
   Er konnte nicht **so viel** trinken wie die anderen.
   Er fehlte **so oft**, dass ihn niemand wirklich kannte.

Übung 3: *Welche Schreibweise ist korrekt?*
Weißt du, wie man am schnellsten zum Frankfurterflughafen/Frankfurter Flughafen kommt?
Auf der Kölnerstraße/Kölner Straße ist schon wieder ein Unfall passiert.
Er wohnt in der Kopenhagenerstraße/Kopenhagener Straße.
Sie trifft ihn auf dem Stockholmerplatz/Stockholmer Platz.

Wenn Verben mit einem unflektierten Wort ein neues Wort bilden und dieses neue Wort den Hauptakzent auf dem Verb hat, handelt es sich bei dem unflektierten Wort im Allgemeinen um einen so genannten Verbzusatz. In diesem Fall wird das neue Wort zusammengeschrieben.

Werden die Partikel allerdings als eigenständige Adverbien verwendet, die (ebenfalls) betont werden, schreibt man getrennt.
Diese Regel gilt nicht nur in Wörtern wie *zunichtemachen*, sondern auch in jenen, in denen *-wärts* oder *-einander* als Verbzusätze verwendet werden.

Vergleiche:
Der Patient konnte wiederbelebt werden.
Der Finanzminister glaubte zu wissen, wie man die Wirtschaft wieder beleben könnte.
Jeder Autofahrer muss rückwärtsfahren können, aber wer kann rückwärts einparken?

Übung 4: *Welche Schreibweise ist korrekt?*
Sie waren stundenlang in demselben Zimmer, ohne einanderanzusehen/einander anzusehen.
Die beiden stellten eines Tages überrascht fest, dass sie sich auseinandergelebt/auseinander gelebt hatten.
Du solltest in der Einbahnstraße nicht rückwärtsfahren/rückwärts fahren.

Wird das Adjektiv als Adverb verwendet, schreibt man getrennt:
heimisch fühlen, freundlich grüßen, kritisch denken, ...

Wenn bei der Verbindung von einem Adjektiv und einem Verb eine neue Gesamtbedeutung entsteht, hat das Adjektiv die Funktion eines Verbzusatzes. Das heißt, es entsteht ein neues Wort:
krankschreiben, kürzertreten, spitzbekommen, heimlichtun, richtigstellen, ...

Die Endsilben spielen keine Rolle, aber es kann aufgrund verschiedener Interpretation bzw. Betonung zwei Schreibweisen geben: *lästigfallen/lästig fallen, übrigbleiben/übrig bleiben, dichtmachen/dicht machen,...*

Vergleiche:
freisprechen – frei sprechen, großschreiben – groß schreiben, gutschreiben – gut schreiben, dichtmachen – dicht machen, ...
Hinweis: Schlage die unterschiedlichen Schreibweisen in einem Wörterbuch nach, sofern dir die unterschiedliche Bedeutung nicht klar ist!

Drücken die einfachen Adjektive das Ergebnis einer Handlung aus, darf man wählen: *kleinschneiden/klein schneiden.* In allen anderen Fällen müssen Adjektive und Verben getrennt geschrieben werden.

Hat das Verb einen Partikel, wird immer getrennt geschrieben: *dick auftragen, bunt anstreichen, ...*

Übung 5: *Welche Schreibweise ist korrekt?*
Die Putzfrau wurde gebeten, das Haus gründlichzusäubern/gründlich zu säubern.
Sie kann sich nicht heimischfühlen/heimisch fühlen, solange sie niemanden versteht.
Sie wollte über alle Probleme offensprechen/offen sprechen.
Es ist ihnen nicht leichtgefallen/leicht gefallen, das Land zu verlassen.
Wie viele wissen, welche Wörter großgeschrieben/groß geschrieben werden?
Der Betrag wurde ihnen gutgeschrieben/gut geschrieben.
Der Angeklagte wurde mangels fehlender Beweise freigesprochen/frei gesprochen.
Das freigehaltene/frei gehaltene Referat gefiel allen am besten.

Verstärkt oder vermindert der erste Bestandteil den Bedeutungsinhalt des zweiten, werden die beiden Teile zusammengeschrieben: *ultraprogressiv, vollschlank, uralt, ...*

Übung

***Übung 6:* Welche Schreibweise ist korrekt?**

Es war bitterkalt/bitter kalt.

Wer ist minderbemittelt/minder bemittelt, wer superschlau/super schlau?

Das hyperaktive/hyper aktive Kind hatte Mühe, ruhig zu sitzen.

Seine erzkonservativen/erz konservativen Eltern erlaubten ihm nicht, so lange auszubleiben.

Das hyperaktive/hyper aktive Kind hatte Mühe, ruhig zu sitzen.

▶ *Lösung: Erinnerst du dich an die Regeln?*

3. ***Welche Schreibweise ist korrekt?***
   Weißt du, wie man am schnellsten zum **Frankfurter Flughafen** kommt?
   Auf der **Kölner Straße** ist schon wieder ein Unfall passiert.
   Er wohnt in der **Kopenhagener Straße**.
   Sie trifft ihn auf dem **Stockholmer Platz**.

4. ***Welche Schreibweise ist korrekt?***
   Sie waren stundenlang in demselben Zimmer, ohne **einander anzusehen**.
   Die beiden stellten eines Tages überrascht fest, dass sie sich **auseinandergelebt** hatten.
   Du solltest in der Einbahnstraße nicht **rückwärtsfahren**.

5. ***Welche Schreibweise ist korrekt?***
   Die Putzfrau wurde gebeten, das Haus **gründlich zu säubern.**
   Sie kann sich nicht **heimisch fühlen**, solange sie niemanden versteht.
   Sie wollte über alle Probleme **offen sprechen.**
   Es ist ihnen nicht **leichtgefallen**, das Land zu verlassen.
   Wie viele wissen, welche Wörter **großgeschrieben** werden?
   Der Betrag wurde ihnen **gutgeschrieben**.
   Der Angeklagte wurde mangels fehlender Beweise **freigesprochen.**
   Das **frei gehaltene** Referat gefiel allen am besten.

6. ***Welche Schreibweise ist korrekt?***
   Es war **bitterkalt**.
   Wer ist **minderbemittelt**, wer **superschlau**?
   Das **hyperaktive** Kind hatte Mühe, ruhig zu sitzen.
   Seine **erzkonservativen** Eltern erlaubten ihm nicht, so lange auszubleiben.

Ebenso werden Adjektive zusammengeschrieben, wenn sie gleichrangig sind: *blaugrau, nasskalt, …*

Übung 7: *Welche Schreibweise ist korrekt?*
In Minnesota ist es im Sommer feuchtheiß/feucht heiß.
Sie wollte kein schwarzgraues/schwarz graues Kleid.
Wo sind die Winter nasskalt/nass kalt?

Verbindungen mit *sein* werden getrennt geschrieben, außer es handelt sich um hauptwörtlich gebrauchte Infinitive wie das *Dasein* oder das *Beisammensein*: *bereit sein, vorbei sein, …*

Übung 8: *Welche Schreibweise ist korrekt?*
Wann wird Ihr Chef zurücksein/zurück sein?
Sie werden dabeisein/dabei sein wollen, wenn der Botschafter zum Ball kommt.
Sie behauptet, sie werde dasein/da sein, wenn man dies erwarte.
Die Verträge müssen morgen Vormittag alle fertigsein/fertig sein.

In Minnesota ist es im Sommer feuchtheiß/feucht heiß.

▶ *Lösung: Erinnerst du dich an die Regeln?*

7. ***Welche Schreibweise ist korrekt?***
In Minnesota ist es im Sommer **feuchtheiß**.
Sie wollte kein **schwarzgraues** Kleid.
Wo sind die Winter **nasskalt**?

8. ***Welche Schreibweise ist korrekt?***
Wann wird Ihr Chef **zurück sein**?
Sie werden **dabei sein** wollen, wenn der Botschafter zum Ball kommt.
Sie behauptet, sie werde **da sein**, wenn man dies erwarte.
Die Verträge müssen morgen Vormittag alle **fertig sein**.

Die folgenden Wörter sind so genannte untrennbare Zusammensetzungen von Substantiv und Verb: Deshalb schreibt man sie zusammen: *brandmarken (ich brandmarke), handhaben (ich handhabe), lobpreisen, maßregeln, nachtwandeln, schlafwandeln, schlussfolgern, bruchrechnen, bergsteigen, notschlachten und notlanden.*
Ansonsten werden Substantiv und Verb im Allgemeinen getrennt geschrieben *(Auto fahren, Schlittschuh laufen)*, doch gibt es auch ein paar trennbare Zusammensetzungen, die man im Infinitiv und als Partizip zusammenschreibt: *eislaufen (ich laufe eis), kopfstehen (ich stehe kopf), leidtun, nottun, standhalten, stattfinden, stattgeben, statthaben, teilhaben, teilnehmen und wundernehmen.*

Abgesehen von diesen Verben, gibt es noch eine Reihe von Zusammensetzungen, bei denen man die **Qual der Wahl** hat. Entweder lernt man diese, oder man hält sich an die Regel, dass man normalerweise getrennt schreibt:

danksagen	Dank sagen
gewährleisten	Gewähr leisten
staubsaugen	Staub saugen
marathonlaufen	Marathon laufen
delfinschwimmen	Delfin schwimmen
brustschwimmen	Brust schwimmen
achthaben	Acht haben
achtgeben	Acht geben
haltmachen	Halt machen
maßhalten	Maß halten

Die Steigerung zeigt allerdings, dass in manchen Fällen die Bedeutung auch hier die Schreibweise beeinflusst: *sehr achtgeben*, aber *allergrößte Acht geben*.

Zwei aufeinanderfolgende Verben werden getrennt geschrieben: *lesen lernen, schreiben können, sagen dürfen, ...*

Hinweis: Hat die Kombination als zweiten Bestandteil *lassen* oder *bleiben* und wird in übertragener Bedeutung verwendet, darf die Kombination auch zusammengeschrieben werden: *sitzenbleiben/ sitzen bleiben, ruhenlassen/ruhen lassen, ...*

Ein spezieller Fall ist die Komibination von *kennen* und *lernen*, denn auch hier sind zwei Schreibweisen erlaubt: *kennenlernen/kennen lernen*.

Übung 9: *Welche Schreibweise ist korrekt?*
Wer möchte bei diesem Wetter nicht spazierengehen/spazieren gehen?
Sie werden schweigenmüssen/schweigen müssen.
Sie kann besser radfahren/Rad fahren als bergsteigen/Berg steigen.
Er kann sehr gut kopfrechnen/Kopf rechnen.
Wer kann besser notlanden/Not landen als bruchrechnen/Bruch rechnen?

Wenn das Verb im Infinitiv vom zweiten Bestandteil getrennt geschrieben wird, wird dieses Verb auch als Partizip vom zweiten Bestandteil getrennt geschrieben: *beisammen sein – beisammen gewesen, …*

Hauptwörtlich gebrauchte Zusammensetzungen werden zusammengeschrieben: *das Liegenlassen, das Infragestellen, …*

Übung 10: *Welche Schreibweise ist korrekt?*
Wer behauptet, dass Kinderkriegen/Kinder kriegen der Wunsch aller Frauen ist?
Das Autofahren/Auto fahren ist kein Kinderspiel.
Ist das Schachspielen/Schach spielen wirklich eine Kunst?
Lisas Hobbys sind Eislaufen/Eis laufen und Skifahren/Ski fahren.

Adverbiale Fügungen schreibt man auseinander: *nach wie vor, zu Schaden (kommen), darüber hinaus, …*

Übung 11: *Welche Schreibweise ist korrekt?*
Sie sehen vorallem/vor allem Zeichentrickfilme.
Sie wollte bei dem schönen Wetter zufuß/zu Fuß gehen.
Er wollte ihr zuhilfe/zu Hilfe kommen.
Sie kamen zulande/zu Lande und zuwasser/zu Wasser.

Sie kamen zulande/zu Lande und zuwasser/zu Wasser.

▶ ***Lösung:*** Erinnerst du dich an die Regeln?

9. ***Welche Schreibweise ist korrekt?***
Wer möchte bei diesem Wetter nicht **spazieren gehen**?
Sie werden **schweigen müssen**.
Sie kann besser **Rad fahren** als **bergsteigen**.
Er kann sehr gut **kopfrechnen**.
Wer kann besser **notlanden** als **bruchrechnen**?

10. ***Welche Schreibweise ist korrekt?***
Wer behauptet, dass **Kinderkriegen** der Wunsch aller Frauen ist?
Das Autofahren ist kein Kinderspiel.
Ist **das Schachspielen** wirklich eine Kunst?
Lisas Hobbys sind **Eislaufen** und **Skifahren**.

11. ***Welche Schreibweise ist korrekt?***
Sie sehen **vor allem** Zeichentrickfilme.
Sie wollte bei dem schönen Wetter **zu Fuß** gehen.
Er wollte ihr **zu Hilfe** kommen.
Sie kamen **zu Lande** und **zu Wasser**.

Adjektive und Partizipien schreibt man zusammen, wenn der erste Bestandteil für eine Wortgruppe steht, wie z.B. in *angsterfüllt* (= von Angst erfüllt), **und wenn der erste oder zweite Bestandteil in dieser Form oder Bedeutung nicht als selbstständiges Wort vorkommt** (*oftmalig*).

Übung 12: Welche Schreibweise ist korrekt?
Sie hat ein butterweiches/Butter weiches Herz.
Jahrelang/Jahre lang pflegte sie ihre Großmutter.
Wie viele bahnbrechende/Bahn brechende Erfindungen kannst du nennen?
Das kleine Mädchen hatte vor den meterhohen/Meter hohen Wellen Angst.

Substantiv und Adjektiv schreibt man zusammen, wenn sie mit einem Fugenelement verbunden sind: *lebensmüde, geschlechtsreif, ...*

Übung 13: Welche Schreibweise ist korrekt?
Ist er so lebensfremd/Lebens fremd, oder tut er nur so?
Sie sind es gewohnt, sich werbewirksam/Werbe wirksam in Szene zu setzen.
Sie ist eine sehr anlehnungsbedürftige/Anlehnungs bedürftige Person, oder?
Das altersschwache/alters schwache Gerät muss entsorgt werden.

Handelt es sich beim zweiten Bestandteil um *-dessen, -dings, -falls, -halber, -mal, -mals, -maßen, -orten, -orts , -seits, -so, -teils, -wärts, -wegen, -wegs, -weil(en), -weise, -zeit, -zeiten, -zu,* werden die beiden Bestandteile zusammengeschrieben.

Übung 14: Welche Schreibweise ist korrekt?
Er versprach immerzu/immer zu, beizeiten/bei Zeiten nach Hause zu kommen.
Meinetwegen/Meinet wegen musst du keinen Tee machen.
Sie waren vielerorts/vieler orts bekannt.
Er wollte währenddessen/während dessen fernsehen.

▶ ***Lösung:*** *Erinnerst du dich an die Regeln?*

12. ***Welche Schreibweise ist korrekt?***
Sie hat ein **butterweiches** Herz.
Jahrelang pflegte sie ihre Großmutter.
Wie viele **bahnbrechende** Erfindungen kannst du nennen?
Das kleine Mädchen hatte vor den **meterhohen** Wellen Angst.

13. ***Welche Schreibweise ist korrekt?***
Ist er so **lebensfremd**, oder tut er nur so?
Sie sind es gewohnt, sich **werbewirksam** in Szene zu setzen.
Sie ist eine sehr **anlehnungsbedürftige** Person, oder?
Das **altersschwache** Gerät muss entsorgt werden.

14. ***Welche Schreibweise ist korrekt?***
Er versprach **immerzu, beizeiten** nach Hause zu kommen.
Meinetwegen musst du keinen Tee machen.
Sie waren **vielerorts** bekannt.
Er wollte **währenddessen** fernsehen.

Handelt es sich beim ersten Bestandteil um *bei-, der-, irgend-, nichts-* und *zu-*, wird zusammengeschrieben. Dies gilt auch, wenn *der-* als Pronomen in die verschiedenen Fälle gesetzt wird *(demje-nigen, deretwegen, ...)*

Übung 15: *Welche Schreibweise ist korrekt?*
Hast du das irgendjemandem/irgend jemandem erzählt?
Derjenige/Der jenige, der den ersten Stein wirft, wird wohl zur Rechenschaft gezogen werden.
Sie hat denselben/den selben Fehler schon mehrfach gemacht.
Nichtsdestotrotz/Nichts desto trotz verließ sie das Haus.

Übung

Steht zwischen zwei Wörtern ein so genanntes Fugenelement, entsteht ein neues Wort: *Verbotsgesetz*

Übung 16: *Unterstreiche die Fugenelemente!*
Werbeagentur, Kindskopf, Hundehütte, arbeitslos, vorlesungsfrei

Übung

Hinweis: Natürlich gibt es auch viele zusammengesetzte Substantive, die kein klar erkennbares Fugenelement enthalten, da das erste Substantiv im Plural steht oder zumindest der Plural sein könnte: *Messerspitze, Fensterbank, Magenschmerzen, Eierschale, ...*

Derjenige/Der jenige, der den ersten Stein wirft, wird wohl zur Rechenschaft gezogen werden.

▶ ***Lösung:*** *Erinnerst du dich an die Regeln?*

15. ***Welche Schreibweise ist korrekt?***
Hast du das **irgendjemandem** erzählt?
Derjenige, der den ersten Stein wirft, wird wohl zur Rechenschaft gezogen werden.
Sie hat **denselben** Fehler schon mehrfach gemacht.
Nichtsdestotrotz verließ sie das Haus.

16. ***Unterstreiche die Fugenelemente!***
Werbeagentur, Kindskopf, Hundehütte, arbeitslos, vorlesungsfrei

Übung: *Markiere die korrekte Schreibweise!*

garnicht	gar nicht
vorallem	vor allem
Er kann Radfahren.	Er kann Rad fahren.
Radfahren ist sein Hobby.	Rad fahren ist sein Hobby.
auf dem Kopfstehen	auf dem Kopf stehen
Er kann kopfstehen.	Er kann Kopf stehen.
merkwürdigerweise	merkwürdiger Weise
wieviele	wie viele
irgendjemand	irgend jemand
allerdings	aller Dings
vorsichtshalber	Vorsichts halber
allerorts	aller Orts
eisigkalt	eisig kalt
eiskalt	eis kalt
nichtsdestotrotz	nichts desto trotz
angsterfüllt	Angst erfüllt
dasselbe	das selbe
bergsteigen	Berg steigen
zuwiderhandeln	zuwider handeln
zuviel	zu viel
weswegen	wes wegen
Leipzigerstraße	Leipziger Straße
soviele	so viele
fünf meterhoch	fünf Meter hoch
hyperaktiv	hyper aktiv
letztmalig	letzt malig
brandneu	brand neu
derselbe	der selbe
Werbeblock	Werbe Block

Lösung

▶ *Lösung:* Markiere die korrekte Schreibweise!

garnicht	**gar nicht**
vorallem	**vor allem**
Er kann Radfahren.	Er kann **Rad fahren**.
Radfahren ist sein Hobby.	Rad fahren ist sein Hobby.
auf dem Kopfstehen	**auf dem Kopf stehen**
Er kann **kopfstehen**.	Er kann Kopf stehen.
merkwürdigerweise	merkwürdiger Weise
wieviele	**wie viele**
irgendjemand	irgend jemand
allerdings	aller Dings
vorsichtshalber	Vorsichts halber
allerorts	aller Orts
eisigkalt	**eisig kalt**
eiskalt	eis kalt
nichtsdestotrotz	nichts desto trotz
angsterfüllt	Angst erfüllt
dasselbe	das selbe
bergsteigen	Berg steigen
zuwiderhandeln	zuwider handeln
zuviel	**zu viel**
weswegen	wes wegen
Leipzigerstraße	**Leipziger Straße**
soviele	**so viele**
fünf meterhoch	**fünf Meter hoch**
hyperaktiv	hyper aktiv
letztmalig	letzt malig
brandneu	brand neu
derselbe	der selbe
Werbeblock	Werbe Block

Verwendung des Bindestrichs

Zusammengesetzte Fremdwörter werden im Allgemeinen zusammengeschrieben. Man darf sie aber auch durch einen Bindestrich trennen, um die Lesbarkeit zu erleichtern: *Desktoppublishing – Desktop-Publishing, Mountainbike – Mountain-Bike, …*

Ist der erste Bestandteil des Fremdwortes ein Adjektiv, hängt die Schreibweise von der Betonung ab. Hat der Begriff nur eine Betonung, können sie getrennt (ohne Bindestrich) oder zusammengeschrieben werden: *Smalltalk – Small Talk, Hotdog – Hot Dog, …*

Betont man sowohl das Adjektiv als auch das Substantiv, schreibt man den Ausdruck getrennt, aber ohne Bindestrich: *High Fidelity, Electronic Banking, …*

Ist ein Teil einer Zusammensetzung ein Einzelbuchstabe, eine Zahl oder eine Abkürzung, werden die Bestandteile des Wortes durch Bindestrich getrennt: *i-Punkt, x-fach, 2-jährig, …*
Vergleiche: *E-Mail – Email(le)*

Aufgabe: *Finde weitere Beispiele!*

Aufgabe

Zusammensetzungen werden meist durch Bindestrich miteinander verbunden, da diese so leichter lesbar sind: *das Weder-noch, zum Auf-und-davon-Laufen, medizinisch-technisch, …*

Aufgabe: *Finde weitere Beispiele!*

Aufgabe

Während die Lesbarkeit von hauptwörtlich gebrauchten Zusammensetzungen im Infinitiv keine Schwierigkeiten bereitet und die Substantivierungen deshalb zusammengeschrieben werden *(das Radfahren)*, werden Substantivierungen, die aus dem Englischen stammen und auf eine Verbindung aus Verb und Partikel (Adverb) zurückgehen, im Allgemeinen mit Bindestrich geschrieben, aber hin und wieder gibt es auch zwei Möglichkeiten:

Vergleiche:

das Make-up	–
der Kick-off	der Kickoff
der Drop-out	der Dropout

Mehrteilige Zusammensetzungen werden immer mit Bindestrich geschrieben: *die 50-Pence-Briefmarke, Vitamin-A-reich, Ad-hoc-Entscheidung, ...*

Aufgabe

Aufgabe: *Finde weitere Beispiele!*

das Make-up

Groß- und Kleinschreibung

SUBSTANTIVE schreibt man immer groß.

Was sind Substantive?

a) **Eigennamen** (Namen für Menschen, Tiere, Pflanzen, Orte, Länder, Flüsse und Meere): *Mutter, Hase, Linz, Salzach, Atlantik, ...*

b) **Bezeichnungen für konkrete Gegenstände** (Dinge, die man anfassen kann): *Tisch, Buch, Fenster, Blatt, ...*

c) **Bezeichnungen für abstrakte Begriffe** (Abstrakta kann man nicht anfassen): *Wahrheit, Durst, Güte, ...*

„Artikelprobe“ (Wenn man einen Artikel vor das fragliche Wort stellen kann, so ist es ein Substantiv): *Baum – der Baum, ein Baum; Glaube – der Glaube; Wald – der Wald, ein Wald; Wahrheit – die Wahrheit*

Wörter, die auf *-heit, -keit, -nis, -schaft, -tum, -ung, -ling* und *-sal* enden, sind Substantive und werden immer großgeschrieben:

blind	*Blindheit*
gemein	*Gemeinheit*
fromm	*Frömmigkeit*
sparsam	*Sparsamkeit*
bekennen	*Bekenntnis*
geloben	*Gelöbnis*
leiden	*Leidenschaft*
gemein	*Gemeinschaft*

reich	*Reichtum*
Volk	*Volkstum*
Bürger	*Bürgertum*
fordern	*Forderung*
handeln	*Handlung*
sammeln	*Sammlung*
lehren	*Lehrling*
jung	*Jüngling*
trüb	*Trübsal*
laben	*Labsal*

In mehrteiligen Personen- und Eigennamen mit nichtnominalen Bestandteilen schreibt man das erste Wort und alle weiteren Wörter, außer Artikel, Präpositionen und Konjunktionen, groß.

Johann Wolfgang von Goethe	*Libysche Wüste*
die Vereinigten Staaten von Amerika	*Hohe Tatra*
Statistisches Zentralamt	*Rotes Meer*
Gasthaus zur Neuen Post	*Kleiner Bär*

Ableitungen geografischer Namen auf *-er* schreibt man groß.

Wiener Bevölkerung	*Berliner Bär*
New Yorker Kunstszene	*Nürnberger Würstchen*

Adjektivische Ableitungen von Eigennamen auf *-(i)sch* werden kleingeschrieben, außer wenn die Grundform eines Personennamens durch ein Apostroph verdeutlicht wird; der Apostroph wird aber nicht bei geografischen Namen verwendet, sodass diese immer kleingeschrieben werden.

die darwinsche/die Darwin'sche Evolutionstheorie
die homerischen Epen/die Homer'schen Epen
westfälischer Schinken
indischer Tee
englischer Stoff

Adjektive in nominalen Wortgruppen, die zu festen Verbindungen geworden sind, aber keine Eigennamen sind, schreibt man klein.

die künstliche Intelligenz	*das große Los*
die goldene Hochzeit	*das neue Jahr*
der olympische Gedanke	

Ist es Interpretationssache, ob es sich um nominale Wortgruppe oder um einen Eigennamen handelt, darf man wählen:

die gelbe Karte/die Gelbe Karte
das gelbe Trikot/das Gelbe Trikot
der blaue Brief/der Blaue Brief
das schwarze Brett/das Schwarze Brett

Großschreibung gilt aber weiterhin für Titel, Ehrenbezeichnungen, bestimmte Amts- und Funktionsbezeichnungen, fachsprachliche Bezeichnungen bestimmter Klassifizierungseinheiten, besondere Kalendertage und bestimmte historische Ereignisse und Epochen.

der Heilige Vater	*die Goldenen Zwanziger*
die Königliche Hoheit	*die Schwarze Witwe*
der Erste Bürgermeister	*der Internationale Frauentag*
der Technische Direktor	*der Zweite Weltkrieg*

Wichtiger **Hinweis** zu den letzten beiden Regeln: Es ist manchmal kaum möglich zu entscheiden, ob es sich um eine feste Verbindung eines Adjektivs mit einem Substantiv handelt oder um einen Eigennamen. Außerdem lässt sich die Tendenz zur Großschreibung der Adjektive nicht in allen Fachsprachen feststellen. Deshalb ist es im Zweifelsfall wohl immer ratsam, die Begriffe im Wörterbuch nachzuschlagen!

Alle hauptwörtlich gebrauchten Wortarten schreibt man groß.

- **Hauptwörtlich gebrauchte Verben schreibt man immer groß; oft steht vor diesen *durch, zum, beim, am, im, aus, vom* und *ums*.**

Zum Lesen braucht er eine Brille.
Vom Auswendiglernen halten die Schüler nicht sehr viel.
Im Schwindeln ist sie am besten.
Ums Lernen kommt er nicht herum.

- **Hauptwörtlich gebrauchte Adjektive schreibt man groß; oft steht vor diesen *etwas, viel, wenig, nichts, manches, allerlei, kein, genug, alles, mancherlei, mehr* oder *nur*.**

> *Hast du je etwas Schöneres gesehen?*
> *Sie hat allerlei Gutes getan.*
> *Er hat nichts Böses im Sinn.*

Steht ein Adjektiv nach einem Artikel, muss man überprüfen, ob es sich auf ein nachfolgendes Substantiv bezieht. Bezieht es sich auf ein Hauptwort, wird es kleingeschrieben: Das Adjektiv steht im Allgemeinen zwischen dem Artikel und dem Substantiv, auf das es sich bezieht. Steht in dem Satz kein Substantiv, auf das es sich bezieht, handelt es sich um ein hauptwörtlich gebrauchtes Adjektiv und wird großgeschrieben.

> *Die kluge Frau wusste, was zu tun war.*
> *Der Weise (weise Mann) wurde oft um Rat gefragt.*
> *Die reichen Leute geben oft weniger als die armen [Leute].*
> *Jeder Schütze will ins Schwarze treffen.*
> *Er konnte sich nur noch an das Unangenehme erinnern.*
> *Ich wünsche dir alles Gute.*
> *Er hat immer mehr Trauriges als Lustiges zu erzählen.*
> *Ein politisches Bewusstsein setzt immer ein historisches [Bewusstsein] voraus.*
> *Sie war die aufmerksamste und klügste meiner Zuhörerinnen.*

Feste Verbindungen von Präpositionen und Adjektiv ohne Artikel müssen kleingeschrieben werden, wenn sie undekliniert sind. Sind sie dekliniert, darf man sie auch großschreiben.

> *von vornherein*
> *über kurz oder lang*
> *durch dick und dünn*
> *von (nah und) fern*
> *von klein auf*

> *von neu**em**/von Neu**em***
> *von weit**em**/von Weit**em***
> *seit kurz**em**/seit Kurz**em***
> *ohne weiter**es**/ohne Weiter**es***

Ordnungszahlen und unbestimmte Zahladjektive schreibt man im Allgemeinen groß.

Er wurde im Rennen der Fünfte.
Das ist das Erste/Letzte, was ich tun würde.

AUSNAHMEN: *viel, wenig, (der/die/das) eine* und *(der/die/das) andere* mit allen ihren Flexionsformen (inkl. *das meiste* und *die wenigsten)* schreibt man klein, außer man möchte den hauptwörtlichen Gebrauch betonen.

Auch Pronomen, die als Stellvertreter von Nomen gebraucht werden, werden kleingeschrieben.

In diesem Wald hat sich schon mancher verirrt.
Das muss (ein) jeder mit sich selbst ausmachen.
Sie hatten beides/alles mitgebracht.
Wir müssen mit (den) beiden reden.

Grundzahlen unter einer Million schreibt man klein, außer sie werden hauptwörtlich gebraucht.

Die Arbeit wurde mit einer Eins beurteilt.
Sie würfelte zwei Sechser.
Was drei wissen, wissen bald dreißig.
Diese drei kommen mir bekannt vor.
Sie rief um fünf an.
Er sollte die Summe durch acht teilen.
Abschnitt sieben fehlt im Text.
Er kann nicht bis drei zählen.

Wenn *hundert* und *tausend* eine unbestimmte Menge angeben, können sie großgeschrieben werden.

Es kamen viele tausende/Tausende von Zuschauern.
Sie strömten zu aberhunderten/Aberhunderten in den Saal.

Zahlnomen wie *Dutzend, Schock* (= 60 Stück), *das Paar* und *eine Million* schreibt man groß, außer sie geben keine bestimmten Mengen an.

Sie sollte ein Dutzend Eier kaufen.
Sie hatte kein einziges Paar Schuhe in Braun.

Die Anredepronomen *du* und *ihr* sowie die dazugehörigen Possessivpronomen können in Briefen groß- oder kleingeschrieben werden, während die Höflichkeitsformen *Sie, Ihr* etc. immer großgeschrieben werden.

Lieber Alexander,
wie geht es dir/Dir? Ich hoffe, ihr/Ihr seid alle gesund und munter. Was macht deine/Deine Schwester? ...

Sehr geehrter Herr Wichtig,
wie vereinbart, sende ich Ihnen anbei ...

Von Substantiven abgeleitete Adverbien schreibt man klein.

anfangs	*am Anfang*
morgens	*am Morgen*
montags	*jeden Montag*
samstags	*an Samstagen*
morgen Früh	*morgen in der Früh*
gestern Abend	*gestern am Abend*

Die Verbindung von Wochentag und Tageszeitangabe ist zusammenzuschreiben.

Dienstagabend
Mittwochnachmittag
dienstagabends

SCHREIBUNG VON SUBSTANTIVEN IN FESTEN VERBINDUNGEN

Substantive werden in festen Fügungen generell großgeschrieben, außer in diesen Fügungen steht *bleiben*, *sein* oder *werden*.

Es ist schade.	
Er ist uns gram.	*Er ist von Gram erfüllt.*
Die Firma ist pleite.	*Die Firma macht Pleite.*
Die Firma ist pleitegegangen.	
Es ist ihr recht.	*Sie hat Recht/recht.* *Sie gibt mir Recht/recht.* *Sie ist im Recht.*
Er ist schuld (daran).	*Er hat Schuld (daran).* *Er trägt die Schuld.*
Mir ist angst und bange.	*Ich habe Angst.* *Er macht mir Angst und Bange.*

Feste aus anderen Sprachen entlehnte Fügungen werden kleingeschrieben.

Sie erwischte ihn in flagranti.
Er meinte, es sei de facto bewiesen.
Er kündigte seinen Selbstmord coram publico an.
Sie sangen das Lied a cappella.

KEINE QUAL DER WAHL? – BEIDE SCHREIBWEISEN ERLAUBT!

aufseiten	*auf Seiten*
vonseiten	*von Seiten*
aufgrund	*auf Grund*
anstelle	*an Stelle (von)*
zuhanden	*zu Händen/zu Handen*
anhand	*an Hand*
infrage	*in Frage*
mithilfe	*mit Hilfe*
zugunsten	*zu Gunsten*
außerstande	*außer Stande*
imstande	*im Stande*
zugrunde gehen	*zu Grunde gehen*

Teste deine erworbenen Kenntnisse anhand einiger Buchstabenschlangen!

Übung: Schreibe die folgenden Buchstabenschlangen in Sätzen auf Papier! Beachte die Interpunktion!

1. sieverstehtvondiesenangelegenheitennichtdasgeringste
2. siewolltenaufbiegenundbrechengewinnen
3. esistzumaufunddavonlaufen
4. erwürfelteeinensechser
5. diemieteistjedenmonatamerstenzubezahlen
6. erhatnichtsbekanntesgeschrieben
7. nurwenigehattennichtgenügendgelernt
8. erhatdaswichtigstewiedereinmalaußerachtgelassen
9. siehatvorihremvorgesetztenangst
10. siewollteeindutzendsockenmitnehmen
11. dasbrummenderlasterwarimhauszuhören
12. wermöchtenichtimgrünenwohnen
13. überkurzoderlangmusstediewahrheitherauskommen
14. allesübrigewerdetihrbeideraufnahmeprüfunghören
15. deinewigesjammernistmirzuwider
16. siewarenvomtanzenmüde
17. wirlernenjedentagvielneues
18. demarmentiersollkeinleidgeschehen
19. esistschadedasswirdieauktionversäumthaben
20. estutmirleiddasglaszerbrochenzuhaben

Lösung

▶ ***Lösung:** Schreibe die folgenden Buchstabenschlangen in Sätzen auf Papier! Beachte die Interpunktion!*

1. Sie versteht von diesen Angelegenheiten nicht das Geringste.
2. Sie wollten auf Biegen und Brechen gewinnen.
3. Es ist zum Auf-und-davon-Laufen.
4. Er würfelte einen Sechser.
5. Die Miete ist jeden Monat am Ersten zu bezahlen.
6. Er hat nichts Bekanntes geschrieben.
7. Nur wenige hatten nicht genügend gelernt.
8. Er hat das Wichtigste wieder einmal außer Acht gelassen.
9. Sie hat vor ihrem Vorgesetzten Angst.
10. Sie wollte ein Dutzend Socken mitnehmen.
11. Das Brummen der Laster war im Haus zu hören.
12. Wer möchte nicht im Grünen wohnen?
13. Über kurz oder lang musste die Wahrheit herauskommen.
14. Alles Übrige werdet ihr bei der Aufnahmeprüfung hören.
15. Dein ewiges Jammern ist mir zuwider.
16. Sie waren vom Tanzen müde.
17. Wir lernen jeden Tag viel Neues.
18. Dem armen Tier soll kein Leid geschehen.
19. Es ist schade, dass wir die Auktion versäumt haben.
20. Es tut mir leid, das Glas zerbrochen zu haben.

Übung: *Schreibe die folgenden Buchstabenschlangen in Sätzen auf Papier! Beachte die Interpunktion!*

1. derpleitegegangeneverletztewolltenurambulantbehandeltwerden
2. zudemwaisenhausgehörteingroßerparkindemdiemeistenvorallemradfahrenundfußballspielen
3. gehtsiefreitagabendsodersamstagseinkaufen
4. ermöchtenichtheuteabendsondernerstammontagabendinskinogehen
5. istsiepleiteodereinfachnurgeizig
6. alleglaubendasserbaldpleitegehenwird
7. weißirgendjemandoberimallgemeinenpünktlichist
8. istdenbeidenetwasschlimmeswiderfahren
9. siebekamangstalseraufderkreuzunghaltmachte
10. imgroßenundganzenwirdjetztmehrgroßgeschriebenalsvorderrechtschreibreformoder
11. wievielewolleneinengriechischensalatwievielewienerschnitzel
12. werweißwiemanlinzerstraßekorrektschreibt
13. sieisstimallgemeinenlieberdiegrünenäpfelalsdieroten
14. siebehauptetdasssieihregeldbörseaufdertriesterstraßeverlorenhabe
15. indeutschlernenwirwelchewörtergroßgeschriebenundwelchegetrenntgeschriebenwerdenmüssen
16. siewollteihrertantenichtnurallesgutezumgeburtstagwünschensondernihrauchetwaspassendesschenken
17. siewillallenzeigendasssieeislaufenkann
18. erversprachvorallemdanndazuseinwennsieihnbraucht
19. mansagtdasssieimmeraneinandergeratenwennsieeinandertreffen
20. sieüberraschtealleindemsieauchdieschwierigstenfragenproblemlosbeantwortenkonnte

Lösung

▶ ***Lösung:*** *Schreibe die folgenden Buchstabenschlangen in Sätzen auf Papier! Beachte die Interpunktion!*

1. Der pleitegegangene Verletzte wollte nur ambulant behandelt werden.
2. Zu dem Waisenhaus gehört ein großer Park, in dem die meisten vor allem Rad fahren und Fußball spielen.
3. Geht sie freitagabends oder samstags einkaufen?
4. Er möchte nicht heute Abend, sondern erst am Montagabend ins Kino gehen.
5. Ist sie pleite oder einfach nur geizig?
6. Alle glauben, dass er bald pleitegehen wird.
7. Weiß irgendjemand, ob er im Allgemeinen pünktlich ist?
8. Ist den beiden etwas Schlimmes widerfahren?
9. Sie bekam Angst, als er auf der Kreuzung haltmachte/Halt machte.
10. Im Großen und Ganzen wird jetzt mehr großgeschrieben als vor der Rechtschreibreform, oder?
11. Wie viele wollen einen griechischen Salat, wie viele Wiener Schnitzel?
12. Wer weiß, wie man Linzer Straße korrekt schreibt?
13. Sie isst im Allgemeinen lieber die grünen Äpfel als die roten.
14. Sie behauptet, dass sie ihre Geldbörse auf der Triester Straße verloren habe.
15. In Deutsch lernen wir, welche Wörter großgeschrieben und welche getrennt geschrieben werden müssen.
16. Sie wollte ihrer Tante nicht nur alles Gute zum Geburtstag wünschen, sondern ihr auch etwas Passendes schenken.
17. Sie will allen zeigen, dass sie eislaufen kann.
18. Er versprach, vor allem dann da zu sein, wenn sie ihn braucht.
19. Man sagt, dass sie immer aneinandergeraten, wenn sie einander treffen.
20. Sie überraschte alle, indem sie auch die schwierigsten Fragen problemlos beantworten konnte.

***Übung:** Schreibe die folgenden Buchstabenschlangen in Sätzen auf Papier! Beachte die Interpunktion!*

1. allewarensicheinigdasserfürseineentsetzlichertatenbüßensollte
2. siewurdeaufgefordertdierechnungimvorauszubezahlen
3. siewolltewederspazierengehennochradfahren
4. siehasstesreferatezuhaltendasiebefürchtetnichtfreisprechenzukönnenundvonihrenschulkollegenausgelachtzuwerden
5. eingriesgramisteinmissmutigermürrischermensch
6. erverließdiepartyohnesichvondenanderenzuverabschieden
7. sienahmsichinachtdennsiewolltesichkeineblößegeben
8. diearmenleutesindmeisthilfsbereiteralsdiereichen
9. erwollteseineneIternetwasaußergewöhnlichesschenken
10. siebehauptetdassdieschlüsselverlorengegangenseien
11. wurdendieergebnisseschonbekanntgegeben
12. eswarihnenklardassmanihrbewusstmachenmüsstedassihrverhaltenzuwünschenübrigließ
13. siebehauptetesiewolledieanderengernekennenlernen
14. erhattedenschirminderstraßenbahnliegenlassen
15. siewolltenaufeinmalwederindichtbesiedeltengebietennochinküstennahenregionenwohnen
16. eswargesternabendwiedereinmaleisigkalt
17. dervomtheaterbesessenebesaßnatürlicheinabonnement
18. eslässtsichnichtausschließendassjemandgebissenwird

Lösung

▶ ***Lösung:*** *Schreibe die folgenden Buchstabenschlangen in Sätzen auf Papier! Beachte die Interpunktion!*

1. Alle waren sich einig, dass er für seine entsetzlichen Taten büßen sollte.
2. Sie wurde aufgefordert, die Rechnung im Voraus zu bezahlen.
3. Sie wollte weder spazieren gehen noch Rad fahren.
4. Sie hasst es, Referate zu halten, da sie befürchtet, nicht frei sprechen zu können und von ihren Schulkollegen ausgelacht zu werden.
5. Ein Griesgram ist ein missmutiger, mürrischer Mensch.
6. Er verließ die Party, ohne sich von den anderen zu verabschieden.
7. Sie nahm sich in Acht, denn sie wollte sich keine Blöße geben.
8. Die armen Leute sind meist hilfsbereiter als die reichen.
9. Er wollte seinen Eltern etwas Außergewöhnliches schenken.
10. Sie behauptet, dass die Schlüssel verlorengegangen/verloren gegangen seien.
11. Wurden die Ergebnisse schon bekanntgegeben/bekannt gegeben?
12. Es war ihnen klar, dass man ihr bewusst machen müsste, dass ihr Verhalten zu wünschen übrigließ/übrig ließ.
13. Sie behauptete, sie wolle die anderen gerne kennenlernen/kennen lernen.
14. Er hatte den Schirm in der Straßenbahn liegenlassen/liegen lassen.
15. Sie wollten auf einmal weder in dichtbesiedelten/dicht besiedelten Gebieten noch in küstennahen Regionen wohnen.
16. Es war gestern Abend wieder einmal eisig kalt.
17. Der vom Theater Besessene besaß natürlich ein Abonnement.
18. Es lässt sich nicht ausschließen, dass jemand gebissen wird.

***Übung:** Schreibe die folgenden Buchstabenschlangen in Sätzen auf Papier! Beachte die Interpunktion!*

1. erwollteseineaussagedasserihrdasgeliehenegeldineinigenwo
   chenwiedergebenkönnenichtvorzeugenwiederholen
2. alsersiesahsuchteerdasweitedennerwolltenichtmitihrsprechen
3. siewarenübereingekommendasansuchenpositivzuerledigen
4. wievielewarenschondesöfterenimschloss
5. dieschülerwerdenoftermahntweilsienichtgeradesitzen
6. esherrschteweitgehendeinigkeitdasssiedieanderennichtinei
   nesdersogenannteninlokalebegleitenwollten
7. wenndudamitfertigbistsollstdudiebriefeaufgeben
8. siewurdegebetendieschwierigkeitennäherzuerklären
9. erhatinletzterzeitvielferngesehen
10. seinverhaltenwurdeihmvonallenzugutegehalten
11. siewollteniemandemnahetreten
12. wennsiezuvielgetrunkenhatgehtsiezufußodernimmteintaxi
    dennindiesemzustandhältsieesnichtfürrichtigautooderradzu
    fahren
13. alssiesahwerihrentgegenkamversuchtesiedemlehrerausdem
    wegzugehenindemsieindieentgegengesetzterichtungdavon
    lief
14. wiewillsieihrdaseinerklären
15. erfragteseinengeschäftspartnersindsieschonüberdieallerneues
    tenentwicklungeninformiertworden
16. inminnesotasinddiewintereisigkalt
17. dasistdashausindemdermassenmördergesternabendgefasst
    wurde
18. ichwillmirnureineinzigespaarschuhekaufen
19. siewolltedieanderengegendreiviertelachttreffen
20. dasfolgendewirdsiesicherlichinteressieren

▶ ***Lösung:*** *Schreibe die folgenden Buchstabenschlangen in Sätzen auf Papier! Beachte die Interpunktion!*

1. Er wollte seine Aussage, dass er ihr das geliehene Geld in einigen Wochen wiedergeben könne, nicht vor Zeugen wiederholen.
2. Als er sie sah, suchte er das Weite, denn er wollte nicht mit ihr sprechen.
3. Sie waren übereingekommen, das Ansuchen positiv zu erledigen.
4. Wie viele waren schon des Öfteren im Schloss?
5. Die Schüler werden oft ermahnt, weil sie nicht gerade sitzen.
6. Es herrschte weitgehend/weit gehend Einigkeit, dass sie die anderen nicht in eines der sogenannten/so genannten In-Lokale begleiten wollten.
7. Wenn du damit fertig bist, sollst du die Briefe aufgeben.
8. Sie wurde gebeten, die Schwierigkeiten näher zu erklären.
9. Er hat in letzter Zeit viel ferngesehen.
10. Sein Verhalten wurde ihm von allen zugutegehalten.
11. Sie wollte niemandem nahetreten.
12. Wenn sie zu viel getrunken hat, geht sie zu Fuß oder nimmt ein Taxi, denn in diesem Zustand hält sie es nicht für richtig, Auto oder Rad zu fahren.
13. Als sie sah, wer ihr entgegenkam, versuchte sie, dem Lehrer aus dem Weg zu gehen, indem sie in die entgegengesetzte Richtung davonlief.
14. Wie will sie ihr Dasein erklären?
15. Er fragte seinen Geschäftspartner: „Sind Sie schon über die allerneuesten Entwicklungen informiert worden?"
16. In Minnesota sind die Winter eisig kalt.
17. Das ist das Haus, in dem der Massenmörder gestern Abend gefasst wurde.
18. Ich will mir nur ein einziges Paar Schuhe kaufen.
19. Sie wollte die anderen gegen drei viertel acht treffen.
20. Das Folgende wird sie sicherlich interessieren.

Übung: *Schreibe die folgenden Buchstabenschlangen in Sätzen auf Papier! Beachte die Interpunktion!*

1. siebestehtzurechtaufeinergehaltserhöhung
2. alsersichscheidenließmussteerseinevermögensverhältnisseof fenlegen
3. siewurdemehrfachzurechtgewiesenalssiedieanordnungenih rervorgesetztenmissachteteindemsiedasriesengroßegebäude betrat
4. erwolltenichtindemselbenlokalzumittagundzuabendessen
5. daerkeinzuhausehatteließensieihnimgästezimmerübernachten
6. dasletztemalfielseineprozentuellebeteiligungnichtsehrhochaus
7. erhatteihrvorausgesagtdassihreinigezuwiderhandelnwürden
8. hatsiedieneuigkeitenschonbekanntgegeben
9. wievielgeldhaterschonverspielt
10. ichbinsicherdassdirdasleichtfallenwird
11. haterwirklicheinschwererziehbareskind
12. sieplantendorthaltzumachenumdieguterhaltenenruinenzube sichtigen
13. istdirschonaufgefallendasssieimmerbeieinanderstehenodersit zen
14. nach20jahrenstelltensiefestdasssiesichauseinandergelebthatten
15. werammeistenklagtfühltsichamwohlsten
16. diestarkerkältetevortragendewiesaufvieleproblemehinmitde nensichdiepolitikerauseinandersetzensolltendochstelltensich diesetaub
17. daderreferentkeinenotizenverwendetesondernfreisprachkonn tenalleseinemvortragohneschwierigkeitenfolgen

Lösung

▶ ***Lösung:** Schreibe die folgenden Buchstabenschlangen in Sätzen auf Papier! Beachte die Interpunktion!*

1. Sie besteht zu Recht auf einer Gehaltserhöhung.
2. Als er sich scheiden ließ, musste er seine Vermögensverhältnisse offenlegen.
3. Sie wurde mehrfach zurechtgewiesen, als sie die Anordnungen ihrer Vorgesetzten missachtete, indem sie das riesengroße Gebäude betrat.
4. Er wollte nicht in demselben Lokal zu Mittag und zu Abend essen.
5. Da er kein Zuhause hatte, ließen sie ihn im Gästezimmer übernachten.
6. Das letzte Mal fiel seine prozentuelle Beteiligung nicht sehr hoch aus.
7. Er hatte ihr vorausgesagt, dass ihr einige zuwiderhandeln würden.
8. Hat sie die Neuigkeiten schon bekanntgegeben/bekannt gegeben?
9. Wie viel Geld hat er schon verspielt?
10. Ich bin sicher, dass dir das leichtfallen wird.
11. Hat er wirklich ein schwererziehbares/schwer erziehbares Kind?
12. Sie planten, dort haltzumachen/Halt zu machen, um die guterhaltenen/gut erhaltenen Ruinen zu besichtigen.
13. Ist dir schon aufgefallen, dass sie immer beieinanderstehen oder -sitzen?
14. Nach 20 Jahren stellten sie fest, dass sie sich auseinandergelebt hatten.
15. Wer am meisten klagt, fühlt sich am wohlsten.
16. Die stark erkältete Vortragende wies auf viele Probleme hin, mit denen sich die Politiker auseinandersetzen sollten, doch stellten sich diese taub.
17. Da der Referent keine Notizen verwendete, sondern frei sprach, konnten alle seinem Vortrag ohne Schwierigkeiten folgen.

***Übung:** Schreibe die folgenden Buchstabenschlangen in Sätzen auf Papier! Beachte die Interpunktion!*

1. derinteressiertekundewolltedasautoprobefahren
2. solletwasfürmorgenübrigbleiben
3. ersetztesichaufdiefrischgestricheneparkbanknachdemerden selbstgestricktenpulloveraufdieserausgebreitethatte
4. ererzähltjedesmaldieselbenanekdoten
5. sielangweiltensichzutodealserzumxtenmalseinealtengeschich tenzumbestengab
6. nachdemerdreiachtelgetrunkenhattewollteernichtmehrauto fahren
7. daskartenhausistauseinandergefallen
8. siehatteweniginteressejahrelangdieselbearbeitzuerledigen
9. derandrangwarwahnsinniggroßdennjederwolltedabeiseinund hörenobderangeklagtefreigesprochenwerdenwürde
10. siewurdeaufgefordertnichtnurgroßsondernauchdeutlichzu schreiben
11. weißtduwelchewörtergroßgeschriebenundwelchegetrenntge schriebenwerdenmüssen

Lösung

▶ ***Lösung:** Schreibe die folgenden Buchstabenschlangen in Sätzen auf Papier! Beachte die Interpunktion!*

1. Der interessierte Kunde wollte das Auto Probe fahren.
2. Soll etwas für morgen übrigbleiben/übrig bleiben?
3. Er setzte sich auf die frischgestrichene/frisch gestrichene Parkbank, nachdem er den selbstgestrickten/selbst gestrickten Pullover auf dieser ausgebreitet hatte.
4. Er erzählt jedes Mal dieselben Anekdoten.
5. Sie langweilten sich zu Tode, als er zum x-ten Mal seine alten Geschichten zum Besten gab.
6. Nachdem er drei Achtel getrunken hatte, wollte er nicht mehr Auto fahren.
7. Das Kartenhaus ist auseinandergefallen.
8. Sie hatte wenig Interesse, jahrelang dieselbe Arbeit zu erledigen.
9. Der Andrang war wahnsinnig groß, denn jeder wollte dabei sein und hören, ob der Angeklagte freigesprochen werden würde.
10. Sie wurde aufgefordert, nicht nur groß, sondern auch deutlich zu schreiben.
11. Weißt du, welche Wörter großgeschrieben und welche getrennt geschrieben werden müssen?

Glossar

Adjektiv	Eigenschaftswort z. B.: ***schön***
Adverb	Umstandswort z. B.: ***hier, heute, kaum, daher***
Artikel	Geschlechtswort z. B.: ***der*** *Mann*
Demonstrativpronomen	hinweisendes Fürwort z. B.: ***dieser*** *Mann*
Diphthong	Zwielaut z. B.: ***eu***
Genus	Geschlecht z. B.: ***männlich***
Imperativ	Befehlsform z. B.: ***Geh!***
Infinitiv	Grundform des Verbs, Nennform, 1. Stammform z. B.: ***gehen*** – ging – gegangen
Kardinalzahl	Grundzahl z. B.: ***zwei***
Kasus	Fall z. B.: ***der Mann – des Mannes – dem Mann – den Mann***

Komparativ	1. Steigerungsstufe, Vergleichsstufe (von Adjektiven) z. B.: schön – ***schöner*** – am schönsten
Konjunktion	Bindewort z. B.: ***und***
Konsonant	Mitlaut z. B.: ***b***
Numerus	Singular/Plural z. B.: ***Mann/Männer***
Ordinalzahl	Ordnungszahl z. B.: ***zweite***
Partizip	Mittelwort
Partizip Präsens	Mittelwort der Gegenwart z. B.: ***gehend***
Partizip Perfekt	Mittelwort der Vergangenheit z. B.: ***gegangen***
Perfekt	2. Vergangenheit (in Deutschland), Vergangenheit (in Österreich), Vorvergangenheit (in der Schweiz) z. B.: ***ich bin gegangen***
Personalpronomen	persönliches Fürwort z. B.: ***er, ihm, …***
Positiv	Grundstufe bei der Steigerung von Adjektiven z. B.: ***schön*** – schöner – am schönsten

Plural	Mehrzahl z. B.: Mann – ***Männer***
Possessivpronomen	besitzanzeigendes Fürwort z. B.: ***mein***
Präfix	Vorsilbe z. B.: ***be-***
Präteritum	1. Vergangenheit (in Deutschland), Mitvergangenheit (in Österreich), Vergangeheit (in der Schweiz) z. B.: ***ich ging***
Pronomen	Fürwort siehe unter Personalpronomen, Possessivpronomen, Relativpronomen
Präposition	Vorwort, Verhältniswort z. B.: ***für***
Relativpronomen	bezügliches Fürwort z. B.: Der Mann, ***der*** dort steht, ist mein Chef.
Singular	Einzahl z. B.: ***Mann*** – Männer
Substantiv	Hauptwort, Nomen z. B.: ***Haus***
substantivisch	hauptwörtlich gebraucht z. B. Schlittschuh fahren – ***das Schlittschuhfahren***
Superlativ	2. Steigerungsstufe, Höchststufe (von Adjektiven) z. B.: schön – schöner – ***am schönsten***

Suffix	Nachsilbe z. B.: ***-ung***
Verb	Zeitwort z. B.: ***spielen***
Vokal	Selbstlaut z. B.: ***a***